学会通畅沟通，赢得高效工作，获得成功人生

高难度沟通

张卉妍 / 编著

吉林文史出版社
JILIN WENSHI CHUBANSHE

图书在版编目（CIP）数据

高难度沟通 / 张卉妍编著 . -- 长春 : 吉林文史出

版社 , 2019.2（2019.8重印）

ISBN 978-7-5472-5896-5

Ⅰ . ①高… Ⅱ . ①张… Ⅲ . ①心理交往－通俗读物

Ⅳ . ① C912.11－49

中国版本图书馆 CIP 数据核字（2019）第 022181 号

高难度沟通

出 版 人　孙建军

编　　著　张卉妍

责任编辑　弭　兰　　崔月新

封面设计　韩立强

图片提供　www.quanjing.com

出版发行　吉林文史出版社有限责任公司

地　　址　长春市人民大街 4646 号

网　　址　www.jlws.com.cn

印　　刷　天津海德伟业有限公司

开　　本　880mm×1230mm　　1/32

印　　张　6

字　　数　120 千

版　　次　2019 年 2 月第 1 版　2019 年 8 月第 2 次印刷

定　　价　32.00 元

书　　号　978-7-5472-5896-5

前 言
PREFACE

　　"一言之辩，重于九鼎之宝；三寸之舌，强于百万之师。"中国南北朝时期著名学者刘勰在《文心雕龙》中曾这样高度评价口才的作用。著名成功学家戴尔·卡耐基曾说："当今社会，一个人的成功，仅仅有15％取决于专业知识和技术，而其余85％则取决于口才艺术。"口才是思想的外壳，是人与人沟通的桥梁。任何人际关系的处理都需要靠说话的技巧来协调，任何专业知识的发挥都需要靠说话的艺术来实现。

　　在这个竞争异常激烈的社会，自我推荐、介绍产品、主持会议、商务谈判、交流经验、鼓励员工、化解矛盾、探讨学问、接洽事务、交换信息、传授技艺，还有交际应酬、传递情感和娱乐消遣都离不开说话。说话能力的高低直接影响到一个人的人际关系和前途。口才的力量是巨大的，它能征服世界上最复杂的东西——人的心灵。好的口才，可以让陌生人变成知己，长期形成的隔阂可以自动消除；好的口才，甚至可以让人叱咤风云，一句话抵得上千军万马，完成一些看似不可能完成的任务。如果一个人的说话水平即口才表现能力不高，就不能很好地表达自己的思想和感情，也不能很好地驾驭各种事情和各种情况。因此，口才就成了衡量一个人是否有能力的重要标准之一。

当人类进入文明社会之后，检验一个人是否有能力，以及这种能力能否发挥出来，其中一个最重要的因素就是他是否具备极佳的口才。在日常生活中，要想与别人愉快相处，必须培养自己的说话能力，只有这样才能打开人与人之间沟通的大门，彼此的心灵才能碰撞产生共鸣。社会需要沟通、交流，而人与人之间交流思想、沟通感情最直接、最方便的途径就是口才。生活中，好口才能使我们在与人谈判、安慰亲朋、恋爱道歉等各个方面都如鱼得水，达成我们希望的结果。

本书在实践上指导读者如何把握好沉默的分寸，把握好说话时机、说话曲直、说话轻重和与人开玩笑的分寸，把握好调解纠纷时和激励他人时的说话分寸，掌握与不同的人说话的技巧，不同场景下的说话艺术，怎么说别人才会听你的，最讨人喜欢的说话方式及如何说好难说的话等。书中将口才、社交和人生融为一体，侧重于对读者综合素质的熏陶，从心灵深处启发读者体味生活，打开社交之门，进而掌握一套善于交际、能言善辩的本领，在人际交往中取得更好的效果。

希望通过本书，读者朋友能够掌握交际与口才的基本规律，学习人生交往的技巧，进而达到利用口才的力量来成就人生的目的。

目 录
CONTENTS

第三章 幽默沟通学：你有多幽默，就有多受人欢迎

第四章 赞美的力量：不花一分钱，也能赢世界

第五章　魔鬼说服力：在任何场合说服任何人

第六章　拒绝的艺术：不会拒绝，你就输定了

第七章　销售攻心术：买卖不成话不到，话语一到卖三俏

第八章　好工作需要好口才：你缺的不是平台，而是口才

第一章

会说话的人有前途：

颜值时代，更拼『言值』

有才华还需有口才

【核心提示】哪怕你有满腹才华，如果表达不出来，你的才华也无法得以全部展示；如果你具有好口才，你的才华才能得到完美的展现。

【理论指导】

口才是人际交往的工具，是人们智慧的综合反映，良好的口才是卓越人才开拓前进的有力武器。由于人的喜怒哀乐往往是由语言来体现的，所以我们在和别人接触时所说的话是至关重要的。

中国著名演讲家、演讲事业开拓者、中国第一位演讲学教授邵守义有一句名言："是人才未必有口才，有口才必定是人才。"

现代社会需要机敏灵活、能言善辩的人。羞怯拘谨、笨嘴拙舌的人在这个社会不会成为出类拔萃的人才。

有一个很有才华的人由于自身性格问题在口头表达上总是有些欠缺。在一次单位的总结发言上，虽然他准备得极其充分，但一上台由于过度紧张话说得磕磕巴巴，前言不搭后语，因而丧失了一次升迁的大好机会。为此他后悔不迭。

口才是现代人必须具有的重要能力，更是创造型、开拓型人才的必备素质，因为一个人将其见解用明晰的语言、缜密的逻辑，并辅以传情达意的动作表达出来，就增加了他的综合渲染力和个人魅力。

梁启超是近代的启蒙思想家和大学者，年轻的时候聪颖过人，康有为推荐他到两江总督张之洞那里去任职。

张之洞为了试一试梁启超的才学，便拟一上联来求对："四水江第一，四时夏第二，老夫居江夏，谁是第一？谁是第二？"梁启超深知此联的妙处：江、河、淮、汉乃中华四大名川，长江位居第一；春、夏、秋、冬四季，夏季位居第二。武昌旧称江夏，张之洞镇守武昌，以"南帅"自居，欲与"北帅"袁世凯比高低。他口出大言，把"江夏"二字嵌在了上联中，因此下联极为难对。

梁启超仔细看了两遍上联，略微沉吟一下，应对如下："三教儒在前，三才人在后，小人本儒人，岂敢在前？岂敢在后？"张之洞暗暗称奇，深深敬佩梁启超的过人才华。因中华自古把儒、释、道教并称为"三教"，儒教居"三教"之首；把天才、地才、人才并称为"三才"，"人才"又居"三才"之尾，"儒人"一般指书生，刚好嵌在此联中。梁启超的下联真可谓滴水不漏，巧妙至极！

试想，即使梁启超拥有满腹才华，如果他无法很好地表达出来，就无法让张之洞了解到他过人的才华。由此可见，口才好能博得对方的好感，一个人的说话能力，可以代表他的力量，口才好的人很容易受人尊敬和钦佩，而口才差的人却很容易被人冷落和遗忘。

当然，有了才干无口才，虽也可能达到成功的目的，但兼有口才，他成功的概率会大大地提高，因为你的才干，可以通过你的言谈举止来加以充分地展示出来，使对方更深一层地了解你并且信任你，这样对方才敢付托重任于你。

毫不夸张地说，在当今社会敢表达并且善于表达的人才是真正的赢家。如果一个人有着良好的口才，并善于说服人，就会比别人多一些成功的机会。口才如此重要，那么，如何才能拥有好口才呢？口才并不是与生俱来的，一个人的口才有赖于平日的训练。

1. 速读法

顾名思义，"速读"也就是快速地朗读。这种训练方法的目的，是在于锻炼人口齿伶俐、发音准确、吐字清晰。

2. 背诵法

我们提倡背诵，主要目的在于锻炼我们的口才。这里的背诵，并不仅仅要求你把某篇演讲词背下来就算完成了任务，不仅要"背"，还要求"诵"。这种训练的目的有两个：一是培养记忆能力，二是培养口头表达能力。

记忆是练口才必不可少的。没有好的记忆力，要想培养出好口才是不可能的。只有大脑中充分地积累了知识，你才可能张口即出，滔滔不绝。如果你大脑中一片空白，那么你再伶牙俐齿，也无济于事。记忆与口才一样，它并不是一种天赋，后天的锻炼起着至关重要的作用，"背"正是对这种能力的培养。

3. 复述法

复述法简单地说，就是把别人的话重复地叙述一遍。这种练习绝不单单在于背诵，而在于锻炼语言的连贯性。如果能面对众人复述就更好了，它还可以锻炼你的胆量，克服紧张心理。

4. 模仿法

我们练口才也可以利用模仿法，向这方面有专长的人模仿。这样天长日久，我们的口语表达能力就能得到提高。

可以在生活中找一位口语表达能力强的人，请他讲几段精彩的话，录下来，供你进行模仿。你也可以把你喜欢的又适合你模仿的播音员、演员的声音录下来，然后进行模仿。

另外，我们经常听广播，看电视、电影，那么你就可以随时跟着播音员、演播员、演员进行模仿，注意他的声音、语调，他的神态、动作，边听边模仿，边看边模仿，天长日久，你的口语能力就能得到提高。

注意，要尽量模仿得像，要从模仿对象的语气、语速、表情、动作等多方面进行模仿，并在模仿中有创造，力争在模仿中超过对方。

5. 讲故事法

讲故事看起来很容易，要真讲起来就不那么容易了，常言说

"看花容易，绣花难"，听别人讲故事绘声绘色，很吸引人，有些朋友听起故事来甚至都忘了吃饭、睡觉，可是自己一讲起来，就不是那么回事了，干巴巴，没有趣味，毫无吸引力。因此，讲故事也是一种才能，并不是人人都可以把故事讲好的。学习讲故事也是练口才的一种好方法。

用口才来提升自己的影响力

【核心提示】要想充分发挥语言的影响力，就要正确认识自己的角色，使用符合自己身份的语言来实现对谈话对象的影响，只有这样才能让自己说的话有分量。

【理论指导】

每个人都希望自己有影响力，因为影响力体现了一种出色的个人能力和综合素质，是一个人在群体中价值的集中表现。尤其对于管理阶层的人来说，可以用语言来提升自己在组织和社会中的个人影响力，可以成为他们有效发挥领导力和塑造公众形象的主要因素。

所谓语言的影响力，就是在和他人打交道的过程中，能够有效影响和改变交谈对象的心理和行为，使其接受自己的观点。要想充分发挥语言的影响力，就要正确认识自己的角色，使用符合自己身份的语言来实现对谈话对象的影响。

20世纪80年代，美国一家工业企业考察团去日本考察。考察结束后美国人用剩下的几天时间观光购物。这个考察团在一家商场购物后乘坐公交车回宾馆。在公交车上，他们和一群年轻人激烈地争吵起来。

两拨人虽然语言不通，但都情绪激动。就在他们吵得不可开交时，一位日本老人走到那群年轻人面前，用很严厉的语气训斥了几句。没想到那几句简单的训斥相当有效，那些年轻人立刻就安静了。考察团十分感谢这个老人。让他们不解的是，一位普通的老人怎么就能三言两语地将一群情绪激动的年轻人训斥得服服帖帖，难道他的话中藏有玄机？

这时，翻译人员为大家揭了秘。其实，那位老者只是说了这样一番话："人家是客人，我们作为主人怎么可以如此无理！你们赶紧给我老老实实地坐好，别再造次！"听了翻译人员的话，考察团更迷惑了：这三句话有什么不寻常的吗？

确实没有什么不寻常，只是老人教训年轻人的语气十分严厉且底气十足。日本人十分尊重老人，也更愿意遵循老人的教导。所以老人靠着年龄赋予自己的社会地位，再加上和身份、环境相符的语言，才能声色俱厉地训斥一群素不相识的年轻人，使他们安静下来。试想一下，如果当时老者和颜悦色地说教，恐怕效果就会差很多。

这种强迫式语言的影响力，能起到立竿见影的效果，但还不足以让听话人完全接受。如果我们能通过提高语言表达来加强自身的影响力，让说话更具魅力，使听者心悦诚服地认可并接受自己，将给人际关系带来意想不到的效果。

一个人说话是否具有魅力，直接影响到他是否对对方具有吸引力，不仅关系到他是否具有良好的人际关系，还影响到他在与别人说话时能否表现出自信，能否具有自如说话的勇气。所以，我们在训练自己说话的自信心时，要注意增强说话的魅力。

一个人的影响力从何而来？当然是通过其言谈举止以及相伴随的神情态度表现出来的。下面根据人们待人接物的习惯，谈谈几个须引起注意的细节：

1. 善于运用身体语言

在与人交往中，我们必须将自己的整个身体看作一个信息的载体，必须意识到，你的一举一动都在说话。假如善于运用你的身体语言，他人将乐于接纳你，并与你合作。外表、情绪、言辞语调、眼神、姿态以及抓住他人兴趣的能力，这些都是在与人交往时你能运用的东西，他人正由此形成对你的印象。

2. 做到表里如一

我们应该始终如一地显示自己最好的一面，最有影响力的人不因场合变化而改变他们的个性，不论是亲切的私人交谈，还是向公众发表演说、参加求职的面试，他们都是一以贯之，毫无矫揉造作之态，处处显露他们真实的面目，他们用自己的全部身心与人交谈，他们的音调与姿态也总能与口中的表白和谐一致，一切都显得那么亲热自然。

然而，某些面向公众演说的人，却向听众发出令人迷惑的信息。比如，当一个人说："女士们、先生们，我很高兴有机会……"时，眼睛却总盯着听众的鞋子，其实这表明他一点儿兴趣都没有，这样的演讲怎么会有感染力和鼓动力呢？

3. 善用眼神

无论对象是一个人还是一百个人，必须记住，和他们说话时一定要看着对方。有些人起初说话还看着听众，可没说几句就转移视线，眼瞧窗外，令人觉得别扭。

当你迈进一个有人的房间，你的目光应该随意自在，直接瞧着房子里的人，并向所有的人示以微笑，这表示你轻松自如，易于接近、交往。

微笑是重要的，但假笑却如不看着人说话一样，令人不快。最佳的笑应该是自然的、轻松的，使人有如沐春风之感。

4. 集中精力

集中精力和充满热情会给人留下深刻的印象，集中精力与人交往能够表明你的真诚，当你全神贯注地对人们讲话时，表明你相信自己所说的话，一个运用自己全部力量来与人交往的人宛如一个巨大的磁场，会将他人牢牢吸引住。人们可以不同意你的观点，却无法怀疑你的信念和真诚。

5. 先听后说

当你出席一次会议、一场晚会或与人谈话时，不要迫不及待地亮出自己的观点，等一分钟，感受一下现场的氛围，了解人们当时的情绪，是激昂、愉快、观望，还是消沉，他们渴望了解你吗？对你的到来是否不悦？倘若你能感受到这一切，你便能更好地去接受他们，不会做出不合时宜的举动。

6. 言辞肯定

我们常常看到一些人开始时慷慨激昂，随后就音调渐低、含糊其辞。要知道，没有人愿意相信一个飘忽不定的人。你的声音可以是柔和的、谨慎的，但言辞不能是模棱两可的。

另外，一个人说话的内容，说话时选词造句与构思的材料、手段，说话的语气、语调，以及说话时的身姿、手势、表情等等，都可以折射出他是否有魅力。因此，我们应该特别注意。

要想拥有好口才，就必须敢于当众说话

【核心提示】如果你想拥有好口才，勇于当众说话是最有效的训练方式之一。

【理论指导】

在现实生活中，也许很多人都有这样的感受：在你当众讲话的时候总会感觉到自己的心跳加剧、颤抖、流汗，或者是口干舌燥。这些感觉使你产生强烈的不自在感，往往让你苦不堪言。之所以会有这样的表现，是因为内心缺乏勇气和自信。

其实，害怕当众说话并不是个别现象。很多职业演讲者都坦率地承认，他们从来都没有彻底消除过登台说话的恐惧。几乎在每一次演讲之前，他们都会感到有点儿恐惧，而且这种恐惧感会一直持续到刚开始的几句话。

心理学家认为害怕当众讲话，和害怕蛇、害怕空旷一样常见。很多人害怕这种场合，将近1/3的人放弃过当众表达想法的机会。我们感到恐惧是害怕丢脸，对自我的要求过高。

因此，要想克服当众讲话的恐惧，就要敢于出丑、勇于面对自己的不足，这是在锻炼你的勇气和信心，这是使口才走向成功的必经之路。优秀的演说家几乎都曾有当众出丑的经历。

窦文涛是香港凤凰卫视的节目主持人，有"名嘴""铁嘴"之称。不过，他的好口才也不是天生的。上学的时候，在一次演讲比赛中，他曾出了大丑。

有一次，老师跟他说："学校组织演讲比赛，我看你挺爱说的，你去参加吧。""哟，演讲怎么讲？""就像写作文一样，你写篇稿子，上台背出来就行了。""那好吧。"窦文涛犹犹豫豫地答应了，回去开始写演讲稿，写完了自己觉得挺不错，就开始背。他自己发明了一个背诵窍门：记住每段的第一个字，以此作为提示。就这样，窦文涛把演讲稿背得烂熟。

演讲比赛那天，窦文涛一上台，看到台下黑压压的一片，当时就有些慌了。赶紧开始背吧，第一段、第二段都顺利背下来了。到第三段时麻烦了，这第一个字是什么呢？想不出来了，一紧张，整个脑袋一片空白。窦文涛站在台上足足半分钟，一句话也没有说，他越来越害怕，最后突然感觉裤子湿了："坏了，尿裤子了。"结果全校师生看着窦文涛尿湿了裤子跑下台。

第二天窦文涛来上学，觉得非常难为情，好像全校的人都在看他。老师来找他："窦文涛，你昨天虽然没演讲完，但是前面两段演讲得还是不错的，我们决定让你到区里参加演讲比赛。"一听到还要比赛，窦文涛竟然痛快地答应了。他想：我昨天当众尿了裤子，丢人已经丢到家了，还能有比这个更丢脸的事情吗？于是，窦文涛抱着无所谓的态度去参加了区里的比赛，结果还拿了个名次回来。

窦文涛说："要珍惜每一次当众说话的机会，让自己积累受挫折和出丑的经验，这样才能放下自我。这次出丑了，你们笑话我吧，我就不要脸了一分；下次又出丑了，我就不要脸了二分；等我全不要脸了，我就进入自由王国，进入无我的状态。你今天在10个人面前出了一个很小的丑，明天这丑就能帮你在10万人面前挣回一个大面子，一个很大的面子。人要珍惜每一个当众出丑的机会。"

丢面子本来就是一件正常的事，是走向成功必须付出的代价，是挣面子的开始。所以，当众讲话前，就要做好心理准备，要发自内心地接受自己也会有没面子的时候。当然，由于内心的恐惧，出现冷场也是当众讲话时常出现的尴尬场面。

当众讲话一旦出现冷场，很多人往往不知所措，匆匆结束发言。其实之所以出现令人尴尬的冷场，主要就是因为说话者的发言没有吸引力。听者仅仅是出于纪律的约束或处世的礼貌而扮演一个"接受"的角色，他们把自己置身事外，对你的讲话没有参与的兴趣。

为了训练良好的口才，缓解当众讲话的恐惧心理，避免冷场带来的尴尬，我们要从以下几点做起：

1. 发言简短

讲话要简明扼要、通俗易懂，尽可能地让你的听众充分领会并记住你所讲的内容。在双向交流中，任何一方都不要滔滔不绝地包场，而是要积极互动，给对方充分的发言时间和机会。尤其是在单向交流中，应景式的讲话越短越好，切忌发言过长。

2. 直视你的听众

不要用眼睛来回扫视所有听众，不要只看自己的鞋尖或者自己的演讲稿。要保持和每个听众的目光接触。心理学家强调，怯场往往是在开场前，而在讲话的时候就会渐渐消失。在开会的时候，你可以坐在一个你觉得合得来的人旁边，然后大胆表达。不要让自己神不守舍，集中精力去想你希望表达的思想和信息。

3. 不断变换话题，穿插趣闻逸事

当众讲话时遭遇冷场，可通过暂时变换话题的办法吸引听众的注意力。可以穿插一些人们在生活中津津乐道的闲谈资料，以此来活跃现场气氛，让自己成为听众的焦点。恰当而又适时地讲述一些趣闻逸事，会使沉闷的现场马上活跃起来。此时，讲话者再将话题转移到原来的内容上，效果就要理想得多了。根据现场情况和对象，话题是不定的、随机的。

4. 调动听众的热情

在讲话的时候，向听众提出富有针对性和启发性的问题，可以调动他们的参与热情，使他们意识到，自己也是整个讲话内容的一个重要组成部分。当听众发现讲话的内容与自己的关系不大，自然不会给予太多的关注，往往便会采取一种"事不关己，高高挂起"的态度，不会对讲话者有太多的回应。这时，讲话者可以赞美听众，以此赢得他们的共鸣。

5. 承认自己的情绪

如果你已经做了这些充分的准备，但到了关键时候还是有些惊慌，不要担心，把自己的感受直接告诉你的听众。不妨准备些这样的措辞："我想我可能需要喘口气""对不起，我有点太兴奋了。"这些小小的插话能缓解你的紧张情绪，消除你的羞涩，听众也会满怀善意地谅解你。

沟通是一切成功的基石

【**核心提示**】沟通是一切成功的基石。往往事情越糟糕时，人们越需要加强与他人之间的交流和沟通。

【**理论指导**】

生活在都市里的人们，每个人都有一种疏离感，因为我们在心理上筑了一堵墙，互相隔离，自我保障。因此，我们常常苦于人际关系的紧张与无奈，会产生一种莫名的烦恼，一些不必要的猜测、想象常常会破坏我们的情绪。

事实上，我们的生活就是少了沟通与交流。人与人是不同的，当然每个人的想法也不会一样，如果你不与对方沟通交流，你怎么能知道对方想的是什么？

我们常常会按照自己的想法和思维去做事，或是去改变某些事，如果你的想法正好符合对方的心意，那么对方会感激你、欣赏你……如果你违背了对方的心意，那么矛盾就会产生。如果再不进行一次很好的沟通与交流，各自抱着自己的观点和想法想象对方、揣测对方，气愤的情绪自然会产生，矛盾的导火线也就会在不经意间被点燃。

当我们和领导有分歧时，当我们和同事有矛盾时，当我们和下级配合不默契时，当我们与客户不能达成共识时，请问：到底哪里出了问题？一切问题都是沟通出了问题！

职场是实现人生理想的重要平台和人生舞台。谁都想在职场中顺风顺水，走向成功，超越自己并完成人生使命。而这一切都离不开沟通。

钱勇大学毕业后进了一个机关单位。由于机关的办公条件很好，从处长到普通的科员，每个人都有自己的单间办公室。也许正是这个原因，平时大家都习惯关起门来工作，相互之间的交流很少。

刚刚走出校门的钱勇原本在大学里是有名的活跃分子，平时总是喜欢和朋友们闹在一起，让他一个人关起门来工作，真是一件痛苦的事情！他希望能和同事们有更多的交流。

于是，每天一到单位，钱勇遇到同事都主动微笑着打招呼，进了办公室就把门开得大大的，不像别的同事关起门来工作。钱勇利用午休的时候，主动找大家聊天。双休日的时候，他还邀请同事去泡茶吧、打桌球。

有一天，一位女同事跑进钱勇的办公室，说有批新到的书需要搬上楼来，想请他帮忙。钱勇二话没说，立即跟她下楼，很快将几大捆书一一搬上楼来。

慢慢地，钱勇发现走进自己办公室的同事逐渐多起来了。当然，他们并不是来串门聊天，而是有工作需要配合，这对他来说正是求之不得的。作为刚进单位的新人，钱勇最怕的是无所事事，只要能和大家多交流，关系更加融洽，多出力钱勇也心甘情愿。不久，钱勇和同事们都混熟了。大家有什么事情需要帮忙总会来找他。钱勇感觉自己在单位里已经不是可有可无的人了。

一天，处长手里拿着一沓稿纸，急急忙忙地从钱勇的办公室前走过，看到门开着，他突然又退了回来，对他说："那个，你……"

处长显然对他还不太熟悉。钱勇赶紧站起身来，说："处长，我叫钱勇，是刚刚进单位的。您有什么吩咐？"

"哦，小钱，"处长看了钱勇一眼，问，"你打字快吗？我这里有一份材料，下午开会就要用的，得马上打印出来。"

"没问题，处长，我一会儿就能打好。"钱勇胸有成竹地说。

一个小时后，钱勇把那份十几页的材料打印并装订整齐，送到了处长办公室。处长接过材料，满意地点了点头。

从此以后，除了同事们经常会找钱勇帮忙，处长也经常会直接指派他工作。渐渐地，钱勇成了单位的忙人，大事小事，不用谁指派，都会自然而然地落到他的头上。

后来，那年年底处里决定提拔一名科长，民主推荐时，工作才一年的钱勇被大家一致提名。

其实人都是需要沟通的，钱勇真诚地和同事们交往，把自己的喜怒哀乐与他们分享，也得到了他们的回应。是的，沟通是一切成功的基础。只要敞开自己的心门，成功就会悄悄地来到你身边。

沟通是社交成功的第一工具，它直接决定了我们的个人魅力和个人发展。能够与周围人进行充分交流并使他们理解自己的意思，这就是具有沟通能力的表现。往往事情越糟糕时，人们越需要加强与他人之间的交流和沟通。

但是，沟通要因人而异，不可千篇一律。在沟通中要善于掌握主动权，做到有的放矢。知己知彼，百战不殆。因此，沟通的过程中还要做一个积极的听众。

事实上只有少数人掌握了听的艺术。集中精力听讲话的人在说什么，不要有任何的分心。开放地去接受别人的意见。如果你不同意他的观点也不要直接明显地表态，你可以这样说："我不知道是否已经完全弄懂了你的意思，你是说……"

也许我们经常会对别人的话习惯性地加以反驳。其实温和的反驳要比情绪化的反驳更有利于沟通。与人沟通时，可以先与对方通过聊天建立友情，了解对方的思想与思维，尽量与对方产生共鸣。当发现沟通对象的一些观点有误时，不要直接指出，而要用合适的语言，引导对方，使他最终接受你的建议。

沟通能力是一切成功的基石，个人如此，团队也是如此。有效的沟通是关系到个人生活和职业成功与否的关键因素。你需要以既能令其他人明白你的观点，又不会冒犯他人的方式表达出你的意思。无论你是在进行一对一的会面以提供反馈意见，还是进行一个集体讨论会议，你要传达的信息都需要清楚、简明并具有说服力。

好口才是成就卓越人生的有效资本

【核心提示】美国人类行为科学研究者汤姆士指出："说话的能力是成名的捷径。它能使人显赫，令人鹤立鸡群。能言善辩的人，往往受人尊敬，受人爱戴，得人拥护。它使一个人的才学充分拓展、熠熠生辉、事半功倍、业绩卓著。"他甚至断言："发生在成功人物身上的奇迹，一半是由口才创造的。"美国资产阶级革命时期著名政治家、外交家富兰克林也说过："说话和事业的进步有很大的关系。"无数事实证明，说话水平是事业成功的重要因素之一，口语表达的好坏直接关系到事业的成败。

【理论指导】

我们在办公室这个有限的空间中，做得最多的事情就是与人交流，要是能掌握一些谈话技巧，就可以使自己在芸芸众生中脱颖而出，可以得到老板的赏识，同时和同事的相处也会变得融洽。

腰杆子一向颇直的刘墉就不仅能力强、有原则，更重要的是很机灵，让乾隆皇帝不宠爱他都不行。

有一回宰相刘墉陪乾隆皇帝聊天，乾隆很感慨地说："唉！时光过得真快，就快成了老人家喽！"

刘墉看看皇帝一脸的感伤，于是说："皇上您还年轻哩！"

"我今年45岁，属马的，不年轻啦！"乾隆摇摇头，接着看了一眼刘墉问："你今年多大岁数啦？"

刘墉毕恭毕敬地回答："回皇上，我今年45岁，是属驴的。"

乾隆听了觉得很奇怪，于是就问："我45岁属马，你45岁怎么会属驴呢？"

"回皇上，皇上属了马，为臣怎敢也属马呢？只好属驴喽！"刘墉似笑非笑地回答。

"好个伶牙俐齿的刘罗锅！"皇上拊掌大笑，一脸的阴霾尽失。

很多人都有这种经验，在一个公司待上一段时间，就会发现公司里升迁很快的往往不是那些只懂得埋头苦干而一言不发的人，相反，那种技术能力稍差但是说话能力很强的人通常会受到老板的特别优待，有的甚至能连升三级。

虽然工作能力是职场上不容忽视的，但适当的说话技巧却能让人更有可能在职场里出类拔萃。正因为意识到这一点，越来越多的人开始重点关注谈话技巧的功用，他们还总结出一些办公室常用句型，不但能帮你化危机为转机，更可以让你成为上司眼中的得力助手。

传递坏消息时的句型："我们似乎碰到一些状况……"你刚刚才得知，一件非常重要的工作出了问题，此时，你应该以不带情绪起伏的声调，从容不迫地说出本句型。千万别慌慌张张，也别使用"问题"或"麻烦"等字眼，要让上司觉得事情并非无法解决。

上司传唤时的句型："我马上处理。"冷静、迅速地做出这样的回答，会令上司认为你是有效率、听话的好下属。

表现出团队精神时的句型："莎拉的主意真不错！"莎拉想出了一个连上司都赞赏的绝妙点子，趁着上司听到的时刻说出本句型，做一个不忌妒同事的下属，会让上司觉得你本性善良、富有团队精神，因而另眼看待。

说服同事帮忙时的句型："这个工作没有你不行啦！"有件棘手的工作你无法独立完成，适时使用本句型，让对这方面工作最拿手的同事助你一臂之力。

闪避你不知道的事时的句型："让我再认真地想一想，3点以前给您答复好吗？"当上司问了你某个与业务有关的问题，而你不知该如何回答时，千万不可以说"不知道"，可利用本句型暂时解危，不过事后可得做足功课，按时交出你的答复。

遇性骚扰时的句型："这句话好像不适合在办公室讲喔！"如果男同事的黄腔令你无法忍受，这句话保证让他们闭嘴。男人有时的确爱开黄腔，但你很难判断他们到底是无心还是有意，这句话可以令无心的人明白，适可而止。

职场中有这样一种说法，"人在职场必备5个'C'"。所谓的5个"C"是指 Communication（沟通）、Confidence（信心）、Competence（能力）、Creation（创造）、Cooperation（合作），而毫无疑问的是 Communication（沟通）名列其首。在工作中掌握交流与交谈的技巧是至关重要的。我们不仅要确定对方是否了解我们的意图，更重要的是让彼此在同一个观点、同一件事情上可以取得共识。这其中的沟通，仰赖的就是个人沟通的技巧。因此，如何有效地沟通、表达自己的理想与见解是一个很大的学问，是决定我们在职场中是否能够成功的重点。

有的人很会向上司提意见，不仅不会使上司讨厌他，而且提好建议更让上司喜欢他。

在德国某电子公司的一次会议上，公司经理拿出一个他设计的商标征求大家意见。

经理说："这个商标的主题是旭日，这个旭日很像日本的国旗，日本人民见了一定乐于购买我们的产品。"

营业部主任和广告部主任都极力恭维经理的构想，但年轻的销售部主任说："我不同意这个商标。"经理听了感到很吃惊，全室的人都瞪大眼睛盯住他。

年轻的销售部主任没有同经理争论那个带红圈圈的设计是否雅观，而是说："我恐怕它太好了。"

经理感到纳闷，脸上却带着笑说："你的话叫我难以理解，解释来听听。"

"这个设计与日本国旗很相似，日本人喜欢。然而，我们另一个重要市场是中国的人民，他们也会想到这是日本国旗，就不会引起好感，应当不会买我们的产品，这不同本公司要扩展对华贸易营业计划相抵触吗？这显然是顾此失彼了。"

"天啊！你的话高明极了！"经理叫了起来。

面对权威人士提出自己的想法，这位年轻的主任不仅有充分的理由，而且还注意了技巧。销售部主任用一句"我恐怕它太好了"先抚平了经理的不快，使他不失体面。后来他以充分的理由，提出反对经理的意见，经理也就不会感到下不了台了。同时他的真知灼见也引起了经理对他的注意。

聪明人在处理同领导的关系时能够投其所好，拣领导爱听的话说，又能让领导心里舒服，这就是说话艺术。

《北梦琐言》中说王光远是个急功近利的人，巴结上司，出入达官显贵的家。

如果某某是他巴结奉承的对象，即使这个人的诗写得一般，他也会这么说："实在了不起！这样的好诗哪怕是李白、杜甫也写不出来。"

对方喝醉酒，无论怎样责骂他，他不仅不会生气，而且还赔笑脸。有一次，上司喝酒喝醉了，拿着鞭子说："想要打你，怎么样？"

王光远却说："只要是阁下的鞭子，自当乐意接受。"说着他转过身子，把背部向着上司。

上司真的打了起来，可是王光远一点也不生气，依旧和颜悦色，还始终说着客套话。

同席的朋友们实在看不过去，就问他："你不懂得耻辱吗？"

王光远毫不隐讳地说："我只懂结交他有益无害。"

世人称他是"面皮厚如铁"，这便是"铁面皮"一词的由来。

所以，跟领导讲话要讲究艺术，只图效果，搞得太露，让人感到肉麻，最后弄不好适得其反，连领导也接受不了，产生反感。如果是这样，还不如不说得好。

总之，如果单靠熟练的技能和辛勤的工作就能在职场上出人头地、扶摇直上，那是一种能力。当然，才干加上超时加班固然很重要，但懂得在关键时刻说适当的话，那也是成功与否的重要因素。卓越的说话技巧，不仅能让你的工作生涯倍加轻松，更能让你名利双收。多加强自己口才的训练，并在适当时刻派上用场，加薪与升职必然离你不远。

好口才让你在社交中身价倍增

【核心提示】语言作为信息传播的工具，对于我们社交之重要，正如骏马对于骑士一样。

【理论指导】

有了正确的目标、端正的态度，要想取得社交的成功，还要讲究一些方法，良好的方法是达到目标的保证。当然，社交的方法是多种多样的，其中很重要的一点，是取决于一个人的口才。

所谓口才，就是口语表达的才能，即善于用口语准确、贴切、生动地表达自己思想感情的一种能力。随着社会交往逐渐频繁，人们越来越重视"舌头"的功夫了。有的人讲话透露出真知灼见，给人以深邃、精辟、睿智、风趣之感，他们理所当然成了社交场上的佼佼者。

凡是善于谈话，并能够利用其美妙的言辞引起他人的注意，使他人倾倒、使他人乐于亲近的人，在社交中将会受益无穷。

善于谈话的人，不但能使不相识的人见了他产生良好的印象，并且能多识、多交朋友。他能广结人缘，到处受人欢迎；他可以得到最上流的交际，即使他自己的地位也许很低下。

平日的聊天是没有明确目的的即兴式交谈，因此有人认为，聊天不存在交际方面的东西。但是，聪明的人往往会利用聊天的机会，认识朋友、拉近关系、增进友谊，获得许多新的信息，扩大接触面。

聊天还可以调节心理、愉悦心情，使你郁闷不堪的心情在聊天中烟消云散。你也可以在聊天中去安慰别人、鼓励朋友、解决矛盾、加深了解。

因此，聊天也是一种交际，其深刻的交际内涵在聪明人眼里是宝藏，在不识货的人眼里是稻草。对于如何利用聊天聊出名堂来，从而达到交际的目的，善于言谈的人有他们自己独到的方式方法。

聊天从本质上说是没有什么目的的，可以海阔天空地瞎扯。但从微观来说，闲聊未必就"闲"，口才好的人能从"闲"聊中聊出感情来，使之达到一定的目的。在这个过程中，他们可以掌握闲聊的方式和话题，把它变做具有目的的语言交流。

会说话的人总是有目的地选择话题。尽管聊天的范围不受限制，但是庸俗低级、格调低下、无意义与价值的话题他们一般都不谈，搬弄是非、贬抑他人的话题更是回避，对方的忌讳和缺点从不提及。

他们从不选择挑战性的话题，因为他们知道挑战性的话题容易引起争论，弄得大家都不欢而散；他们也不会自以为是，以教训的口吻与人说话，不随便炫耀，导致别人的反感；与别人在一起聊天，他们绝不会独占鳌头，而总是使大家都有发言机会。

可见，并不一定是在正式场合才算社交，像聊天这种轻松随意的交流也算作是社交，一个善于言谈的人总是能在这看似平平的聊天中获得很多的人际关系。

社交成功的人往往离不开他的一张社交好嘴，而要说到社交口才，风趣的谈吐不得不提。幽默的语言能帮助我们与他人进行沟通和交往，还能帮助我们处理人际关系问题，顺利渡过困难的处境。

幽默能够帮助我们在社会交往中与人建立一种和谐关系。当我们希望成为能克服障碍、具有乐观态度、赢得别人喜爱和信任的人时，它就能帮助我们达到目标。

在社交场合，当你看穿他人的想法时，不妨神色自若，然后轻松地发挥幽默的力量。例如，西方著名喜剧女演员卡洛柏妮，有一次坐在某餐厅里用午餐，这时有一位老妇走向她的餐桌，举起手来摸了摸卡洛的脸庞。这位老妇的手指滑过她的五官，带着歉意说："我看不出有多好。""省省您的祝福吧！"卡洛柏妮说，"我看起来也没有多好看。"卡洛柏妮这一妙语，打破了双方的尴尬局面。

如果我们想要在社交生活中给人一个良好的印象，就得运用幽默的力量。无论是做客或是待客，我们都要尽力以此待人。当我们进入室内，就要把幽默力量反映出来。一个面带怒容或神情抑郁的人，不会比一个面露微笑、看来健康快乐的人更受欢迎。纽约一家著名的时装公司董事长史度兹曾经说："客人所能发出的最美妙的声音就是笑声。"

第二章

高情商说话之道：
情商高就是说话让人舒服

南风法则：没有人能够拒绝温暖的力量

【**核心提示**】在与人打交道或者办事情的时候，用好的态度、温和的方式比用高傲相持的生硬方式更容易提高办事的效率。在与人相处时，用友善体贴的方式会比强悍冷漠的方法更易俘获他人的心。

【**理论指导**】

南风法则源于法国作家拉封丹写过的一则寓言：在风的家族中，北风和南风一直较劲，它们都觉得自己比对方厉害得多。有一天，北风和南风偶然相遇了，它们谁也不服谁，决定比试一下谁的威力更大。比赛的内容就是看谁能把行人身上的大衣脱掉，谁就算赢了。

于是，它们一起来到道路上，找到一个行色匆匆的行人。北风先刮来一股凛冽的寒风，对着那个路人猛吹一阵寒风，想通过更大的风把人的衣服吹掉。寒风凛冽刺骨，冻得行人直跺脚，大骂这该死的北风。结果行人为了抵御北风的侵袭，把大衣裹得比以前更紧了。北风只得精疲力竭地败下阵来。这时，只见南风徐徐吹动，顿时阳光和煦，行人似乎感觉到了温暖，不一会儿就开始解开纽扣，继而脱掉大衣，最终南风获得了胜利。

这就是南风法则的由来。南风法则启示人们：温暖胜于严寒，引导胜于压迫，最有威力的武器，往往是爱与关怀。生活中，我们在处理人与人之间的关系时，要特别注意方法。北风和南风都想使行人脱掉大衣，但方法不一样，结果也大相径庭。

现实中，有些领导者忽略了爱的力量，常常用冷漠的眼神和冰冷的言语紧紧地把自己包裹起来。实际上，比严厉更有力的"武器"是爱、关心和尊重，也就是让他人感到温暖。

因此，我们在与人打交道或者办事情的时候，用好的态度、温和的方式比用高傲相恃的生硬方式更容易提高效率。在与人相处时，用友善体贴的方式会比强悍冷漠的方法更易俘获他人的心。

被人誉为"黑珍珠"的球王贝利，是足球史上享有盛名的天才。他在很小的时候就表现出了足球天赋，并且取得了惊人的成绩。

有一次，小贝利参加了一场激烈的足球赛。赛后，伙伴们都累得腰酸腿疼，有几位小球员点上了香烟，说是能够解除疲劳。小贝利见状，也要了一支。他忘我地抽着烟，看着淡淡的烟雾从嘴里吐出来，觉得自己很潇洒、很时尚。不巧的是，这一幕被前来看望他的父亲看到了。

晚上，小贝利的父亲坐在椅子上询问他："你今天抽烟了？"

"抽了。"小贝利红着脸，低下了头，准备接受父亲的训斥。

但是，父亲并没有这么做。他从椅子上站了起来，在屋子里来回走了好半天，才开口说话："孩子，你踢球有几分天赋，如果你好好坚持下去，将来或许会有点儿出息。但是，你应该明白做一名足球运动员的前提是有良好的身体素质，可今天你抽烟了。也许你会说，我只是第一次，我只抽了一根，以后不再抽了。但你应该明白，有了第一次便会有第二次、第三次……每次你都会想，仅仅一根，不会有什么大碍的。但天长日久，你会渐渐上瘾，你的身体就会变差，而你最喜欢的足球可能会因此渐渐地离你远去。"

说到这里，父亲问小贝利："你是愿意在烟雾中损害身体，还是愿意做个有出息的足球运动员呢？你已经懂事了，自己做选择吧。"说着，父亲从口袋里掏出了一沓钞票，递给小贝利，说道："如果不愿意做个有出息的运动员，执意要抽的话，这些钱就给你买烟用吧！"说完，父亲走了出去。

小贝利望着父亲远去的背影，仔细回味着父亲那动情入理的话语，不由得伤心地哭了起来。过了一会儿，他止住哭，拿起钞票，来到了父亲的面前。

"爸爸，我再也不抽烟了，我一定要做个有出息的运动员。"从此，贝利训练更加刻苦，终于成为一代球王。

从贝利的这则故事中，我们看到了，人与人之间入情入理的沟通要比大发雷霆的训斥管用得多。情感，是进入别人内心，拉近双方距离的最有力家 7 武器。因此，凡是有沟通的地方就有情感发挥的余地。只要懂得这个道理，情感就会在你人际沟通中助你一臂之力，让你轻易地征服对方。

用情感动对方，用心温暖对方，这无疑是人们获得他人认可的最佳方式。通过南风法则，人们进一步地体会到"好言一句三冬暖，恶语伤人六月寒"的真正意义，也告诉人们在与他人的接触过程中，应该多用关心、爱护、尊重、赞美等积极情绪感动对方，让对方感到你是从内心深处关心他，这样能将彼此的感情拉得更近、更亲，也更易得到他人同样的关心和爱护。

布朗定律：潜入对方大脑，言语真诚得人心

【核心提示】一定要找到对方心灵的那把锁，找到心锁就是沟通的良好开端，知道别人最在意什么，别人的意愿就会在你的把握之中。

【理论指导】

一个虔诚的修女为了拯救受难的人们只身来到印度，当她看到当地的人们因为贫困而衣衫褴褛甚至没有鞋子穿的时候，她决定自己也不穿鞋子，因为这样才能够更加挨近他们从而更好地帮助他们，以致后来戴安娜王妃听说了她的丰功伟绩之后来印度拜访她的时候，王妃因为自己穿了一双洁白的高跟鞋而感到无比羞愧……

后来中东发生了战争，这位修女孤身一人来到战场上，当作战的双方发现这位修女来到的时候，竟然不约而同地停止了攻击，等她把战区里的妇女和儿童都救了出来……在这位德高望重

的修女去世的时候，印度举国上下都为她而悲痛，在她的灵柩经过的地方，没有人站在楼上，因为不愿意自己站得比她还高，而她遗体的双脚仍然是裸露的，向世人宣告她与那些贫苦的人们平起平坐。这位高尚的修女就是特蕾莎。

特蕾莎修女的真实故事告诉我们，找到心锁就是沟通的良好开端。知道别人在意什么，你就会知道别人的意愿。这就是沟通学中著名的布朗定律。布朗定律是美国职业培训专家史蒂文·布朗提出的。

布朗定律可以解决沟通中遇到的暂时性障碍。当一个人受到外界强大的不良刺激时，比如遭遇爱情、亲情、友情的失落，比如在工作、事业上碰到挫折等等……此时你会觉得他判若两人，表现反常，甚至有点奇怪。即便这个人曾经与你沟通得十分融洽，但是现在不同了，变得难说话，难沟通了。

当我们试图与对方沟通时，却因对方处于"绝缘"状态而导致失败。对方的思想显得乖僻，情绪非常不好，拒绝与外界交流。他甚至呆若木鸡、视而不见、充耳不闻，任何人都无法访问他的心灵世界，不知他在想些什么。这时，如果能巧妙地运用布朗定律，很多疙瘩都会迎刃而解。

一位30多岁的女人，在失业一年多后，终于找到一份在某高级珠宝店当售货员的工作，没想到刚上班就出现一件麻烦事。圣诞节的前一天，店里来了一位土里土气的年轻男子，他衣衫破旧，一脸的悲哀、狐疑，不时用贪婪的目光盯着那些高级首饰。

这时电话响了，女人只好先去接听电话，可她却一不小心把装戒指的碟子碰翻，6枚精美绝伦的金戒指落到地上，她慌忙捡起其中的5枚，但第六枚怎么也找不到。

这时，她看到那男子正向门口走去，顿时她醒悟了，戒指可能在他那儿。

当男子即将走出店门时，女人柔声叫道："对不起，先生！"

"什么事？"他问，脸上的表情有些不自然。

"我先生和我都失业一年多了，我也是上个星期才找到这份工作。现在找份工作真不容易，是不是？"女人神色黯然地说。

男子长久地注视着她，终于，一丝腼腆的微笑浮现在他的脸上："是的，正是这样。但我觉得你在这里工作会做得很好。"

说完，他向前一步，把手伸给她："让我握握你的手，表示我真诚的祝福好吗？"

然后，他转过身，慢慢走向门口。女人目送着他的身影消失在门外，转身走向柜台，把手中握着的第六枚戒指放回了原处。

故事中的女人不批评，不苛责，更没有咆哮，就成功地收回了男人偷拾的第六枚戒指。其奥妙就在于女人真诚的话语产生了撼人心魄的作用，真诚在此处胜过了任何技巧。从某种意义上来说，用情感来凝铸语言，是一种最高境界的智慧。

在与人交往中，打开别人心锁的钥匙就是真诚。一个说话者如果感情不真切，是逃不过对方的眼睛的，同时也难以打动对方。很多著名政治家的交际之所以出色，主要在于他们特别注意培养自己说话、演讲的真切情感。

"二战"期间，年近70岁的英国首相丘吉尔在对秘书口授反击法西斯战争动员的讲稿时，讲到激动之处，热泪盈眶。他的这一次演讲直指人心，极大地鼓舞了英国人民的反法西斯斗志。一次哈佛大学的毕业典礼上，在谈到"真诚"的时候，一个毕业生的话得到了大家的认可。他说："一个说话者如果讲话华而不实，只追求华丽的辞藻，开出的只能是无果之花；缺乏真挚而热烈的情感，只是'人工仿制'的感情，虽然能欺骗听众的耳朵，却永远骗不到听众的心。而说话者一旦讲话袒露情怀，敞开心扉，就会达到语调亲切、激情迸发、内容充实的效果，也就会字字吐深情，句句动心魄。"

如今，我们的社会充满了太多的虚假和浮躁，人们普遍存在着不信任的心理。造成这种心理的原因之一很可能是生活中"口是心非"的人太多了。有些人尽管表面上说得天花乱坠，而内心并非如此；表面上百依百顺，实际上则是我行我素；嘴里说着赞誉之词，而内心则是咒骂。

因此，要找到打开某人心锁的钥匙，是一个需要细心洞察、耐心寻找的过程，需要"由表及里"，根据一些现象逐步深入分析，最后找到根源；当然，表里如一，言行一致是交往中最基本的准则。

所以，做人就要做个真诚的人，言行一致的人。对待别人要诚实，不要两面三刀，在算计别人中度过一生，是很累、很痛苦的事。坦诚地做人，用一颗真诚的心去对待别人，得到的不只是对方的信赖，还有机遇。

不同的场合，要说不同的话

【**核心提示**】衡量一个人说话分寸的试金石就是场合。就像一个正常的人发现自己在众人面前裤子拉链开了，就会潜意识地背过身去把拉链拉上一样。如果不注意把握场合的分寸，图自己的一时之快，结果就会出丑。

【**理论指导**】

如果一个人说话不看身份、不看场合，怎么想就怎么说，确实是符合真实了，但留给人的印象却很不好。因此，不同的场合，要说不同的话。

言如心声，文如其人。语言是心灵的一面镜子。一个人说出的话怎样，可以直接反映出他的修养如何、气度如何。有些人在生活中很邋遢，但工作却很干练，有些在家中很和蔼的人在单位却非常严肃，有些对家人脾气暴躁的人对同事却表现出很强的亲和力，有些在家中很懒惰的人对工作却十分努力认真。

于是，当看到一些人在不同场合有不同表现，有人就偏执地认为是"骗子"，然而事实并非都是如此。

这种情况与一个人处理事情的方式以及说话技巧、方式都有很大的关系。俗话说："入乡随俗"，"到什么山上唱什么歌"，就是说人要能适应不同环境，根据环境调整自己。任何言语都是在具体的场合中进行的，并且受场合的影响和制约。假如说不适宜场合、气氛情境的话，往往会适得其反。

有一法院开庭审理一起盗窃案，被告人对作案时间交代不清。为了核实，审判长决定传被告的妻子到庭作证。由于在当时过分着急，审判长脱口就说出了一句话："把他老婆带上来！"

法庭顿时全场哗然，严肃的气氛被冲淡了。当时，审判长应该运用法庭用语，宣布"传证人某某到庭"。由于以日常用语取代了法庭用语，审判长没注意到自己所在场合的正式性，因而造成了说话的不得体。

因此，说话一定要注意场合，不看场合，随心所欲，信口开河，想到什么说什么，这是"不会说话"的一种拙劣表现。日常生活中，也许我们会遇到这样的状况：两个熟识的人，不管在什么场合碰上，都少不了一番热情的问候，而用得最多的总是这句"吃了吗"。

一次，有两个熟人在洗手间门外碰上了，一人从里面出来，另一人正准备进去，忽见是熟人，两人也就热情地招呼了起来："吃了吗？""刚吃过了，你呢？""还没呢，正准备去吃。"对话很快结束了，"吃了的"一脸轻松地往外走，"正准备吃的"一脸紧张地继续向里跑。

人总是在一定的时间、一定的地点、一定的条件下生活的，在不同的场合，面对着不同的人、不同的事，从不同的目的出发，就应说不同的话，用不同的方式说话，这样才能收到理想的言谈效果。

1. 庄重的场合

如果你们单位所有人员聚在一起开会，领导讲话，你随便插话；发言时，不该你说的话你抢着说，或者还没轮到你发言你急于抢话，这些都会招致他人的不满。

2. 公众的场合

如果在图书馆，别人都在静静地看书，你偏要和同桌窃窃私语，或者大声地说话，这很明显影响了别人的学习。

3. 正式与非正式的场合

如果你是单位的领导，你的下属工作上出现小问题，这种事应该在私下解决会更好，如果你不分青红皂白，把下属当着众人的面狠狠地批评了一通，下属当时不敢跟你辩解，但他心里肯定会记很长一段时间，就会造成很大的误会。

4. 私下与公开的场合

人人都有自己的小圈子，如你把自己小圈子里的事情、把你朋友的隐私到处说，你这朋友肯定没法交下去了。

5. 喜庆场合与悲痛场合

当别人正在欢庆操办婚礼时，你同他说一些不吉利的话，这是别人很忌讳的；相反，如果你在悲伤的场合说一些高兴的话，必将会引起他人的不悦。

总而言之，说话是一门实践性很强的艺术，我们要在日常生活中有意识地摸索体会，努力做一个说话得体的人。

了解对方背景，掌控沟通进程

【核心提示】要想说服对方，就应该尽可能多地了解对方情况，就好像一场战役开始前，侦察对手的战场布置和战斗实力，获得的情报越多，越容易找到对方防线的漏洞和缺陷。

【理论指导】

在交谈时，如果我们想要达到良好的沟通目的，就一定要了解对方的背景，只有这样才能把话题接下去，才能更好地掌控沟通进程。如果你不了解对方的背景，跟人沟通的时候就会碰到问题。

《孙子兵法》中说："知己知彼，百战不殆；不知彼而知己，一胜一负；不知彼，不知己，每战必殆。"意思是说，在军事行动中，既了解敌人，又了解自己，百战都不会失败；不了解敌人而只了解自己，胜败的可能性各半；既不了解敌人，又不了解自己，那只会每战必败。沟通亦是如此，了解自己要进行沟通的目标，同时还要了解沟通的客体，才可能进行有效的沟通。

要想说服对方，就应该尽可能多地了解对方情况，就好像一场战役开始前，侦察对手的战场布置和战斗实力，获得的情报越多，越容易找到对方防线的漏洞和缺陷。

第二次世界大战期间，丘吉尔和罗斯福在大西洋上会晤，商讨两国在共同对付纳粹的战争中各自应担负的责任，以及欧洲和大西洋各岛屿的利益瓜分问题。会谈气氛热烈友好，但是涉及各自利益的敏感问题时，却出现了分歧。丘吉尔希望美国能更多援助英国，而罗斯福认为丘吉尔在某些问题上不够坦诚，有所保留。双方相持不下，会谈进展缓慢，两人都试图说服对方让步，双方对彼此的性格都非常了解。丘吉尔性格倔强，但是很有气魄，不拘小节；罗斯福非常严谨，但是也有美国牛仔轻松自在和幽默的一面。

有一天晚上，丘吉尔正在房中准备洗澡，罗斯福忽然进来，看到丘吉尔一丝不挂，场面非常尴尬。睿智的丘吉尔乘势说："总统阁下，你看见了，英国对美国没有任何保留。"丘吉尔的幽默感使罗斯福会心一笑，在接下来的会谈中，罗斯福终于做了让步，同意丘吉尔提出的一系列要求。可以说，丘吉尔恰到好处地表达了自己的意志，迎合罗斯福美国式的自由性格和幽默感，因此获得说服的成功。

因此，我们在与人沟通之前，最好把这个人的基本情况或者有关问题了解清楚。尤其与对方是第一次见面时，充分了解对方背景就更为重要。只有这样，才能更好地把握沟通进程，并在交谈中发现对方的需求，及时调整沟通方向，达到自己的目的。

盛宣怀是晚清的一位大臣，他在拜见陌生的上级时，就非常注意了解对方的有关情况。一次，醇亲王特地在宣武门内太平湖的府邸接见盛宣怀，向他垂询有关电报的事宜。盛宣怀以前没有见过醇亲王，但与醇亲王的门客张师爷过从甚密，从他那里了解到两个方面的情况：一、醇亲王跟恭亲王不同，恭亲王认为中国要跟西洋学，醇亲王则不认为中国人比洋人差；二、醇亲王虽然好武，但自认为书读得不少，颇具文采。盛宣怀了解情况后，就到身为帝师的工部尚书翁同龢那里抄了些醇亲王的诗稿，念熟了好几首，以备"不时之需"。盛宣怀还从醇亲王的诗中悟出他的心思，毕竟"文如其人"。

胸有成竹之后，盛宣怀前来谒见醇亲王。当他们谈到"电报"这一名词的时候，醇亲王问："那电报到底是怎么回事？"盛宣怀回答道："回王爷的话，电报本身并没有什么了不起，全靠活用，所谓'运用之妙，存乎一心'，如此而已。"醇亲王听他能引用岳飞的话，不免另眼相看，便问道："你也读过兵书？""在王爷面前，怎敢说读过兵书。不过英法内犯，文宗显皇帝西狩，忧国忧民，竟至于驾崩。那时如果不是王爷神武，力擒三凶，大局真不堪设想了。"

盛宣怀略停了一下又说："那时有血气的人，谁不想洗雪国耻，宣怀也就是在那时候，自不量力，看过一两部兵书。"盛宣怀真是三句话不离醇亲王的"本行"，他接着又把电报的作用描绘得神乎其神。醇亲王也感觉飘飘然，后来醇亲王干脆把督办电报业的事交给盛宣怀。

不同的背景造就了形形色色的人群，与不同的人对话，说话的方式也必然有所区别。在说服别人的时候，是要迎合对方，还是要和对方正面交锋？在迎合和交锋当中，又应该从哪个地方下手？这种判断只能来自知己知彼的基本了解。在沟通之前，我们一般需要了解对方的以下几个方面的情况：

1. **基本情况**

沟通之前，对方的一些基本信息是必须清楚的，主要包括：性别、年龄、身份、职业、背景。好比战役开始前，了解对方的实力、部署、防线，以及对方所处的地形等等。这些基本的内容可以通过对方的履历、一些公开的资料，以及一些公共场合中获得。只要稍微留心，认真调查，得到这方面的素材并非难事。

2. **了解对方的性格、喜好及其家人成员**

沟通之前，要尽可能了解对方的性格特点及其兴趣爱好，进而投其所好。另外也可以通过家庭成员来展开话题，引起对方的兴趣。但是切记在态度上要友好而真诚。

3. **了解对方的需求**

了解对方需求并设法满足，将会带来意想不到的沟通效果。我们可以在沟通之前通过间接的方式了解对方的心理需要，在沟通时予以满足；也可以在沟通过程中，多听对方讲话，从其谈话中挖掘出其隐性需求。

话多不如话少，话少不如话好

【核心提示】言语在精不在多。最不会说话的人可能就是喋喋不休的人。要想把话说得"高效"，你就应该言简，让对方很快明白你所要表达的意思。

【理论指导】

在任何场合说话，我们都应该明白一个道理，那就是"话多不如话少，话少不如话好"。一个语言精练、懂得适时缄默的人，走到哪里都会受人欢迎。而一个不分场合、总是喋喋不休的人，有可能"话多错多"，招人反感。

俗话说"祸从口出"，有时候仅是因为说了一句不该说的话，而遭遇祸害。我们应谨言慎行，不能因一时兴起，说一些无根据的话，这只会让自己名誉受损。

子曰："辞达而已矣。"孔子的意思是说："言辞只要能表达意思就行了。"

《道德经》中有"多言数穷，不如守中"的说法。老子说："话说得太多，往往会使自己陷入困境，还不如保持沉默，把话留在心里。"

《弟子规》中的"话说多，不如少，惟其是，勿佞巧"，告诉我们话多不如话少，话少不如话好。说话要恰到好处，该说的说，不该说的绝对不说，立身处世应该谨言慎行，谈话内容要实事求是。

据史书记载，子禽问墨子：老师，一个人话说多了有没有好处？墨子回答：话说多了有什么好处呢？比如池塘里的青蛙天天叫，弄得口干舌燥，却从来没有人注意它。但是雄鸡，只在天亮时叫两三声，大家听到鸡啼就知道天要亮了，于是都注意它。墨子的回答虽然简单，但阐述了说话既要切中要害又要切合时宜的道理。青蛙与雄鸡的对比，形象地诠释了把握话多不如话少、话少不如话好的真正内涵。

古往今来，会说话的例子不胜枚举。孔子崇尚周礼，曾专程到东周都城洛阳考察礼仪制度。当他在参观周王祭先祖的太庙时，看到台阶右侧立着一个金属铸造的人，嘴上被扎了三道封条，在这个金属人的背面，还刻有铭文："这是古代一位说话极其慎重的人，小心啊！小心啊！不要多说话，话说得多坏的事也多！"

《菜根谭》中说："十语九中，未必称奇，一语不中，则愆尤骈集。"意思是说，十句话说对九句，未必有人说你好，但如果说错一句话，则各种指责、抱怨就会集中到你身上。"

由此可见，多说话不如少说话，说话要恰当无误，千万不要花言巧语。那些话痨者往往说个不停，难免口干喉痛，不仅得不到任何益处，一旦发生了"口是祸门"的事情，只会给自己的处境和人际关系带来障碍。

诸葛瑾是三国时期孙权手下的大臣，平时话不多，但常常在紧要关头，几句话就能解决问题。有一次校尉殷模被孙权误解，要被杀头，众人都向孙权求情，只有诸葛瑾一言不发。孙权问："为什么子瑜（诸葛瑾，字子瑜）不说话？"诸葛瑾说："我与殷模的家乡遭遇战乱，所以才来投奔陛下。现在殷模不思进取，辜负了您，还求什么宽恕呢？"短短几句话，孙权就感到殷模不远千里来投奔自己，即使有过错也应该原谅，于是就赦免了殷模。

与人交谈时，有些人聊得尽兴，一股脑地把什么话都说出来，好像自己多么真诚、坦白；也有些人由于一时气急就什么都不顾，什么尖酸刻薄、狠毒的话都说，一时的解气之后只怕是后悔都来不及了！所以，我们一定要管住自己的嘴，一句话没说好就可能让你身处逆境；一句话没说好就可能让奸佞的小人抓住把柄！

某博物馆派出某馆员招揽橱窗广告业务，这位馆员专程赶到当地一家制鞋厂，稍加浏览，就大包大揽地与厂长谈生意。他自以为是，手指厂房里展列出的各类鞋产品，夸奖一通："这种鞋子，款式新颖，美观大方，如果与我们馆合作，广为宣传，一定会提高知名度的！然后就会畅销全国，贵厂生产也会蒸蒸日上啊！"

听起来声情并茂，又具说服力，可惜说话人并非制鞋内行，原来他夸耀的是对方厂中积压的一批过时的产品。结果厂长不动声色地答道："谢谢你的话。可惜你指出的这批鞋子全部是落后于市场供求形势的第七代产品，现在我们的第九代产品正在走俏、热销。"

仅此两句话，就令这位馆员无话可说了。我们要学会少说话，说也要说得巧妙，千言万语也不及一个事实给人们留下的印象深刻。如果想要使你所说的话被人重视，有一个技巧就是少说话。少说话的人有更多的时间思考，因此说出来的话更为精彩。

尤其是当更有经验或者更了解情况的人在座时，如果多说了，就等于自曝其短，同时也失去了一个获得知识和经验的机会。

在我们的生活中，不但要学会适时地沉默，还要学会优美而文雅的谈吐。在不该开口的时候，要做到少说话并适当地缄默。在该说的时候，就要注意所说的内容、意义、措辞、声音和姿势，要注意到什么场合说什么话。

无论是探讨学问、接洽生意还是交际应酬、娱乐消遣，我们要尽量使自己说出来的话重点突出、具体而生动。

人人都喜欢和谦虚的人打交道

【核心提示】说话谦虚的人懂得倾听别人的意见，让周围的人轻松地接受和认同自己，不让别人感到冷漠和失落，所以人人都喜欢和谦虚的人交往。

【理论指导】

谦虚是一个人成功的保障。谦虚是一种美德，是事业成功的法宝。世上有太多张狂的人，这当中自然不乏口才优秀的人。清晰的口齿、滔滔雄辩的口才，的确让人佩服。但往往给人卖弄、炫耀之感，因而人际关系并不如意。

也许你有值得骄傲的资本，你有出色的才能、傲人的外表、显赫的家世等，但是这些都不能成为你傲慢、目中无人的理由。金无足赤，人无完人，请不要将那些所谓的你认为无比优越的条件变成你骄傲的资本。

古圣先贤教导人们要"谦虚为怀"，意思是说一个人的行为举止要谦卑、低调，要虚心听取不同的意见，听取他人的忠告；要在充分尊重对方的前提下提出自己的见解，不要遇事好为人师，弄得他人无所适从。

谦虚是中华民族的传统美德，也是做人的一种品德。但是有些人总是觉得自己很了不起，认为别人都不如自己。但是任何人都不喜欢骄傲自大的人，这种人在与他人合作中也不会被大家认可。比如有的人在公共场所公开贬低他人抬高自己。试问：一个连自己的嘴巴都管不住，在公共场所大放厥词的人，他的个人素养有多高？不过是在展示自己的肤浅和无知罢了。

古人说："谦受益，满招损"，"谦"即谦虚、谦和。具有谦虚美德的人，易被人接受和喜爱。说话谦虚的人多低调，这本身就是智者的生活态度，说话谦虚更能折射出一个人的涵养。谦虚可以提升自我，成就未来。

即使你认为自己才华出众，但也要明白"闻道有先后，术业有专攻"。

谦虚有利于身心的修养。在现实生活中，我们经常会遇到一些喜欢背后议论、批评别人的人，他们就不具备谦虚、宽容的美德，言语谦和的人从不对别人妄加评论，也不会在别人面前显露自己的成绩，他们总是以客观、谦虚的姿态学习别人的长处，听取别人的意见，来弥补自己的欠缺，从而使自己得到不断的提高。

谦虚是一种美德。在社交场合，不同的时间、不同的环境、不同的氛围，如何用不同的方式表达自己的谦虚，给人留下一个良好的印象呢？

1. 巧妙转移

如果有人在公众场合表扬或赞美你，这时你难免会不自然，甚至感到窘迫。这时，你可把表扬或赞美的对象"转移"到别人的身上，从而转移人们的注意力，使自己巧妙地"脱身"。遇到这种情形，你不妨用比喻的方式，巧妙地表达自己的谦虚。

2. 谦虚有度

谦虚是一种美德。然而，过分谦虚也是过分自我的表现。过分谦虚所产生的影响和自大一样。在有些情况下，过分谦虚反而会让人感到不真诚。因此，有的时候，说话要有足够的底气。面对别人的称赞，如果把自己说得一无是处，不但起不到谦虚的作用，反倒给人一种傲慢的感觉，所以，谦虚要掌握一定的分寸。

3. 淡化成绩，征求批评

任何称赞和夸奖都不可能毫无缘由，或是因为某件事，或是因为某方面的成绩。这时不妨轻描淡写地回应几句话，以淡化自己的成绩，从而在淡泊之中表露出谦虚之意。如果对方给予的是真诚的赞美，等对方说完后，你可以趁机适时地征求大家的批评，这也是表现谦虚的一种方式。但切记态度要诚恳，把握好度，不然虚心也就变成了虚假。

说话需自律，对失意的人不说得意的话

【核心提示】说话需自律，对失意的人不说得意的话，不张狂高举自己的地位、子女、家里的财产，见老年人不说丧气话，多说鼓励人的话，没有建言不轻易严厉批评人，与人绝交也不必说狠话做狠事。

【理论指导】

不管是家庭还是事业，每个人都会遇到一些得意之事，也许你就是那个春风得意马蹄疾的人，此时你自然难掩心中的喜悦，恨不得告诉全世界的人，你升官了，发财了，找到一个相爱的人了……大多数人都会向你道贺，分享你的喜悦。

但是，你注意到有一些人并不高兴吗？相对你来说，这些人就是失意的人，在他们面前，无论你多么"人逢喜事精神爽"，你都要控制一下自己心中的"得意"。

生活中，不少人喜欢把自己的成绩挂在嘴边，逢人便夸耀自己如何能干、如何富有，完全不顾及别人的感受，甚至没有顾及听者是不是正处于人生低谷。他们总以为夸夸其谈后就能得到别人的敬佩与欣赏，而事实上，很少有人愿意听你的得意之事，自我炫耀的效果往往是适得其反。

陈琳最近心情很不好，因为公司最近裁员，她成了一名无依无靠的失业者，眼看着生活陷入困境，她内心焦虑不安。但这时，又赶上同学聚会，陈琳实在不想参加。但同学加同事的王莉非要拉她一起去。

王莉的工作生活顺风顺水，并且节节攀升，最近又被提升了。在同学聚会上，王莉高调地宣布自己的职务又得到了晋升，同时还宣告自己找到了真爱，欣喜兴奋之际，主动承担了所有的聚会费用，整个聚会成为了王莉的庆功宴。

在大家的欢喜鼓舞中，陈琳悄悄退了出去，她感觉自己受到了很大羞辱。从此，陈琳再也不愿意和王莉交往了。

同学聚会本来是件好事情，王莉的职务晋升也是件值得高兴的事情，但是，王莉只顾自己的得意而没有顾及好朋友失意、难过的心理，从此失去了一个很好的朋友。得意的人很难掩饰自己的欣喜之情，但是如果因为自己的"过度"兴奋而伤害朋友就得不偿失了。

当我们在得意的时候，别人说不定正处于失意的状态，特别是在朋友面前，千万不要炫耀自己的得意，如果你只顾炫耀自己的得意事，对方就会疏远你，于是你不知不觉中就失去了一个朋友。

所以，每逢开口说话，不管是什么内容，都要力避让别人产生自己被比下去的感觉。

聪明的人知道，在失意的人面前，不能说得意的话。失意的人本身心情不好，情绪也不稳定，他希望的是一些安慰鼓励和祝福，而不是你想要索取的"优越感"。所以，为什么不放下你的"得意"去安慰一下他们，给他们提供你力所能及的帮助呢？当然，这种帮助要从心底出发，不然你在他们眼里就会成为"猫哭耗子假慈悲"的人。

对于正在打拼的我们来说，最欠缺的是朋友，你的炫耀只会让你失去更多的朋友。相反，如果我们能对失意的人多一点关心，说不定就会为自己赢得一个机遇。刘墉在《股事名嘴换人做》一文中记下这样一个故事：

王经理、小张、小王、小邱等人一起炒股。刚开始的时候王经理每猜必中，所以大家都把王经理奉若神明，众人开始跟风，王经理买什么，大家必跟定他。而王经理也因此故弄玄虚起来，说自己炒股获得一次又一次的成功完全得益于自己得天独厚的"第六感"。

说来也怪，自从王经理在夸耀自己的"第六感"之后，每炒必亏，直接导致他的"第六感"失灵。这自然引起了众人的质疑。后来，大家不得不想办法自救，小张主动成立了炒股"自救会"，集众人智慧炒股。

小张等人的"自救会"在一次炒股中尝得甜头之后，在王经理面前沾沾自喜，要求王经理加入"自救会"翻身。落寞的王经理转身离开，这时小邱并没有像小张他们那样，对失意的王经理态度依然如故。当炒股"自救会"收盘高呼时，小邱独与王经理黯然神伤，当炒股"自救会"举行庆功宴时，小邱陪王经理躲在一旁吃便当。

其实小邱并不是为了曲意逢迎上级，因为他不想看到王经理被"孤立"，也正是他陪伴王经理渡过了心情低谷，所以他得到了王经理的信任与赏识，在王经理翻身之后，升职之后，让小邱接替了他的职务。

小邱的成功正是因为他用了人性的善，懂得怎样安慰一个失意的人。而小张、小王等人只会在失意人前说自己得意之事——推广炒股"自救会"的成功之道，让王经理跟他们一起干。殊不知，这样的做法只会让王经理更难过，因为这无异于将自己的得意忘形炫耀给失意的人看。

所谓"人生失意无南北"，一个人不可能一直都是一帆风顺的，自然也不可能都是倒霉连天的。所以，无论在任何时候，在失意者面前，应尽量保持一颗平常心，对失意者多点同情和理解，适当地给人帮助，这会让你的人生走得更加顺畅。

也许当初你给予他人的帮助只是一点点，比如，一句鼓励的话、一些微不足道的资助，但是在别人的心里意义就重要得多。自然，当你处于失意的时候，这些点滴的帮助，就成为你摆脱困境的源泉。

如果我是你——学会站在别人的角度去说话

【核心提示】在与对方沟通时，站在对方立场上，才能让别人听着顺耳，觉得舒服。站在对方立场上，设身处地地想，设身处地地说。如此，不仅能使他人快乐，也能使自己快乐。

在人际交往中，很多人往往习惯将自己的想法、意见强加给别人，总觉得自己的做法、意见才是最好的。虽然出发点都是好的，是为了帮助别人解决问题，但是却始终没有站在对方的立场上想过这样是否适合。

所以当我们和别人交谈时，应该站在对方的角度仔细想想，关心询问对方对这件事情的看法和应该如何解决这个问题，而不是直接讲一番自我的大道理来逼迫对方接受。

孔子说："己所不欲，勿施于人。"耶稣说："你要别人怎样对待你，你就要怎样对待别人。"这两句名人名言是换位说话的准确注解。说话有不同的方式，有不同的技巧。世界上没有说不好的话，关键看你会不会转变思想，站在对方的立场，先想别人。

虽然我们无法成为他人，但我们可以站在他们的位置，进入他们的世界，体会他们的感受，从而成为一个拥有宽广的胸怀以及受欢迎的人。站在他人角度思考问题、说话做事，不仅能化解矛盾，甚至还能成就一个人的未来。

在非洲的巴贝姆巴族中，至今依然保持着一种古老的仪式。当族里的某个人因为各种原因而犯了错误，族长就会让犯了错误的人站在村子的最高处，公开亮相，以示惩戒。

每当这时，整个部落的人都会放下手中的活计，赶过来将这个犯错的人团团围住，来赞美他。

旁观的人们，会自动按照老幼的顺序发言，先是从最年长的人开始，告诉这个犯错的人，他曾经为整个部落做过哪些好事。就这样，每个族人都会将自己眼中那个犯错人的优点叙述一遍。叙述时不能夸大事实，不允许出言不逊，必须用真诚的语言，而且不能重复别人已经说过的赞美。整个赞美的仪式，要持续到所有族人都将正面的评语说完为止。

巴贝姆巴族人站在了犯错的人的角度思考问题。他犯了错，现在当然十分懊悔，想改正自己的做法。如果在此时，大家提起他以前做过的好事，那他改正错误的决心肯定会更坚定；若此时，大家去批评他，说他的种种不是，那他心中肯定会责怪自己，那将来的生活也可想而知了。

巴贝姆巴族人是智慧的，他们对待犯错人的态度是：尽管你犯了错，有了缺点，但我们依然爱护你、关心你、接纳你。既然你曾为整个部落做过那么多的好事、善事，有着那么多的优点，那么，请你认真地反思，然后心悦诚服地改正自己的错误。我们整个部落的人都坚信：你一定具备改过向善的信心与能力。

当我们与他人意见相异时，不妨也换位思考一番，从对方的角度去考虑问题，设身处地从对方的角度去思考及处理问题，有可能在我们"山重水复疑无路"时，因为我们的换位思考而进入了"柳暗花明又一村"的境界。

卡耐基曾用某宾馆大礼堂讲课。有一天，他突然接到通知，对方提出租金要提高 3 倍。卡耐基不得不前去与经理交涉。卡耐基一见到宾馆经理，并没有表现出生气的表情，而是心平气和地说："我接到通知，有点震惊，不过这不怪你。如果我是你，我也会这么做。因为你是旅馆的经理，你的职责是使旅馆尽可能赢利。"

接下来，卡耐基又设身处地为他算了一笔账："如果将礼堂用于办舞会、晚会，当然会比租给自己更划算。但是，如果你不与我合作，也等于放弃了成千上万有文化的中层管理人员，而这些人是你花再多的钱也买不到的活广告。也许他们光顾了贵宾馆，会给你带来更多的合作机会。那么哪样更有利呢？"经理被他说服了。

卡耐基之所以成功地说服了经理，在于当他说"如果我是你，我也会这么做"时，他已经完全站到了经理的角度。接下来，他又站在经理的角度上算了一笔账，抓住了经理的兴奋点——赢利，使经理心甘情愿地把天平砝码加到卡耐基这边。

千万别认为话中的"如果我是你"只是单纯的一句话而已，殊不知它的作用是巨大的。对于不易说服的人，最好的办法就是使对方认为你与他是站在同一立场的。

当你学会换位思考的时候，就会在遇到问题的时候多站在别人的角度看问题，设身处地为别人着想。当我们做到这些的时候，我们就能更多地理解别人，那么，一切都将变得美好起来。

第三章

幽默沟通学：你有多幽默，
就有多受人欢迎

认识幽默感的重要性

【核心提示】在社交场合，幽默的语言如同润滑剂，可以有效地减少人与人之间的摩擦，化解冲突和矛盾，并使人们从容地打开局面，使谈话气氛轻松、融洽。

【理论指导】

幽默可以说是一种优美的、健康的品质，能使人们平淡的生活充满情趣，是生活的润滑剂和开心果。可以说，哪里有幽默，哪里就有活跃的气氛；哪里有幽默，哪里就有笑声和喜悦。

有人说："没有幽默的语言是一篇公文，没有幽默感的人是一尊塑像。"这话是有一定道理的。当今社会高效率、快节奏、信息量大，必然容易使人的大脑产生疲劳。如果我们的生活多点儿笑声、多点儿幽默就会消除我们烦躁的心理，保持情绪的平衡，让人有一种轻松愉悦之感，给人以美的享受。

有一次，美国329家大公司的行政主管，参加由一家业务咨询公司的总裁霍奇主持的一项幽默意见调查。调查发现：

97%的主管人员相信，幽默在商业界具有相当的价值。

60%的人相信，幽默感能决定一个人事业成功的程度。

在《芝加哥论坛报》里工商专栏的作家那葛伯，访问了参与调查的几位主管人员，而后整理出几位高级经理人的意见：

克雷夫特公司总裁毕尔斯认为，幽默感对于主管人员十分重要。"它是表示一个管理者具有活泼、弹性的心态的重要指标，"毕尔斯说，"这样的人通常不会把自己弄得太严肃，而且比较能做出好的决策。"

幽默称得上是一个具有亲和力的"形象大使"，很多工商业界高阶层的负责人，都运用幽默来改变他们的形象，甚至改善大家对整个公司的看法。

在美以美教会的一次聚会上，洛伊德·乔治曾做了一次演讲，要求教徒们为著名传教士、美以美教会的创始人卫斯理的墓地的维护提供帮助。尽管这个题目极为严肃，大家都想不出它有什么好笑的，但洛伊德·乔治还是做到了这一点，而且十分成功。请注意，他的演讲结束得多么完美而漂亮：

"我很高兴各位已经开始修整他的墓地。他对任何不整洁和不干净的东西极其讨厌。他曾说过：'不可让人看到一名衣衫褴褛的美以美教徒。'由于这个原因，所以你们永远不会看到这样的美以美教徒。（笑声）如果任由他的墓地一片脏乱，那就是大不敬。各位应该都记得，有一次他经过德比夏郡时，有一个女孩跑到门口对他说：'上帝祝福你，卫斯理先生。'但是他回答说：'小姐，如果你的脸和围裙能够更干净一点儿的话，你的祝福将更有意义。'（笑声）这就是他对不洁净的感觉。因此，请不要弄脏他的墓地。你们一定要好好照顾这块墓地，这是一个神圣的墓地。它是你们的信仰和情感得以寄托的地方。"（欢呼声）

幽默是一种机智和成熟的表现，是生活的调味品，是人际关系的润滑剂，它给人们带来轻松的笑声和欢乐、消减矛盾和冲突，缩短人与人之间的距离。幽默能改善人际关系或摆脱困境，有利于个人的身心健康、社会的轻松和谐，它是一种高雅的生活情操。善用幽默的人不仅受人喜爱，而且能获得别人更多的支持和帮助。

当然，幽默的重要性远不止上面这些。只要我们学会并且善用幽默，我们会发现幽默的力量真是无穷大。运用幽默的方式来办事，我们会活得更加轻松愉快。

其实，幽默是人的天性，所有人都向往愉悦和欢乐的生活。在生活中遇到不如意的事，会调侃的人懂得如何调剂，通过调侃传递出快乐的信息，这样的人乐观且幽默，看待问题达观，对生活充满激情和憧憬，浑身上下洋溢着使人愉快的气息。

谈吐幽默，会让你更受欢迎

【核心提示】幽默是良好的修养，是充满魅力的语言，可以让你在各种社交场合中更受他人欢迎。

【理论指导】

幽默是一种才华，一种智慧，一种力量，富有幽默感的人本身就有一个强磁场，它能聚拢人气、扩大圈子，更容易成就一番事业。正如美国一位心理学家说的，幽默是一种最有趣、最有感染力、最具有普遍意义的传递艺术。学会幽默，你便拥有了受大家欢迎的一大资本！

在生活中，幽默能够帮助我们在社会交往中与人建立和谐关系。当我们希望成为能克服障碍、具有乐观态度、赢得别人喜爱和信任的人时，它就能帮助我们达到目标。

一次，一位英国出版商想得到萧伯纳对他的赞誉，借此抬高自己的身价。于是，他就去拜访萧伯纳。当他看到萧伯纳正在评论莎士比亚的作品时，就说："先生，您又评论莎士比亚了。是的，真正懂得莎士比亚的人太少了，算来算去，到目前为止也只有两个。"

萧伯纳已明白了他的意思，让他继续说下去。

"是的，只有两个人，这第一个自然是萧伯纳先生您了。可是，还有一个呢？您看他应该是谁？"

萧伯纳说："那当然是莎士比亚自己了。"

社交中的语言风采是人们在他人眼中形成印象的最主要部分，细数那些优秀的成功人士，他们所具有的共同特征之一就是言语幽默。真正的恰当的幽默是需要遵守一定规范的，要适时且适当。

幽默是良好的修养，是充满魅力的语言。不可否认，言语幽默的人更容易获取成功的机会，但是在运用幽默的时候，有些忌讳是千万碰触不得的。

1. 忌不明确目的，不掌握尺度

一般的社交场合中，幽默家一试身手的目的有二：一是把听众逗乐，让他们哈哈大笑，在自己努力营造的欢乐气氛中联络感情，办好事情；二是展示才华，表现自我。因此在制造欢乐的过程中，我们必须注意幽默尺度的选择。

2. 忌胡乱借用英雄形象来幽默

每个时代，不同的人群都有自己尊崇的"圣贤"，即神圣、崇高的事物。当今社会，为众人所接受的英雄形象，是能维护公众利益的权威形象，似古时"圣贤"一般，不可拿来作为幽默打趣的对象。

3. 运用幽默时要避免粗俗的内容

任何一种幽默都是建立在礼貌用语的基础上的，不管在什么场合，好的语言习惯，才能成就好的语言风格。在现实生活中，常常会有这样的人，说起玩笑话完全不顾场合、不分时机，甚至拿恶俗、不雅的语言当作幽默，哗众取宠。这不仅是不文明、不礼貌的表现，更是一种侮辱他人，有损自己人格的表现。

4. 不调侃不如自己的人

客观地说，站在你的角度上，比你混得差的人可笑之处肯定不少，但如果总是津津乐道地笑话不如你的人，你就会被别人笑话，笑你不厚道、笑你没出息，专拣软柿子捏。

5. 忌拿别人的伤疤作为幽默对象

这其中的道理，即使不讲，大家也会明白，只要心智健全、富有同情心的人都会理解这一点。拿别人伤疤作为搞笑材料，显示自己的幽默感是非常愚蠢的做法，不仅不会给人带来乐趣，反而会令人反感。

随机应变，巧用幽默来解围

【核心提示】在某些尴尬的场合，恰如其分的幽默能使自尊心通过自我排解的方式受到保护，而且能体现出说话者宽广大度的胸怀。

【理论指导】

尴尬是生活中遇到处境窘困、不易处理的场面而产生的张口结舌、面红耳赤的一种心理紧张状态。此时，如果能调整心态、急中生智，以戏谑来冲淡它，就可以收到良好的效果，从而化解紧张的气氛。

丘吉尔说过："除非你绝顶幽默，否则就无法处理绝顶重要的事，这是我的信念。"杰出的政治家就经常用幽默化解对手的攻击或一些不便回答的问题。

丘吉尔任国会议员时，有位女议员十分嚣张。一天，她居然在议席上指着丘吉尔说："假如我是你老婆，一定在你咖啡杯里下毒。"

狠话一出，人人屏息。却见丘吉尔笑答："假如你是我老婆，我一定一饮而尽！"结果，全场人士及那位女议员都忍不住笑了起来。

在有些尴尬的场合，恰如其分的幽默能使自尊心通过自我排解的方式受到保护，而且能体现出说话者宽广大度的胸怀。

幽默历来是最妙的语言艺术，世界上很多伟大的人物都曾经展现过自己幽默的语言天赋，并以此化解自己或他人遭遇的尴尬局面。

大哲学家苏格拉底的妻子是一位性情非常急躁的人，往往当众给这位著名的哲学家以难堪。有一次，苏格拉底在与几位学生讨论某个学术问题时，他的妻子不知何故，忽然叫骂起来，震撼了整个课堂。继而，他的妻子又提起一桶凉水冲着苏格拉底泼了过来，致使苏格拉底全身湿透。

当学生们感到十分尴尬的时候，只见苏格拉底诙谐地笑了起来，并且幽默地说："我早知道打雷之后一定要下雨的。"这一忍让的幽默虽话语不多，却使妻子的怒气出现了"阴转多云"到"多云转晴"的良性变化。大家听了都欣然大笑起来，更敬佩这位智者明哲高超的文化素质、艺术修养和坦荡胸怀。

幽默是恰当运用语言的艺术，许多成功的人都深谙讲话之术，能把幽默运用得当一定会为你的事业推波助澜。

1832年，安德罗·杰克逊参加美国总统竞选时，一位母亲把一个脏兮兮的小孩送到杰克逊的怀里。杰克逊真想马上把小孩还给那个母亲，但他随机应变，热情地说："看这孩子的眼睛多么明亮，四肢多么强壮，而嘴唇又多么甜蜜。"说到这里杰克逊把小孩交到他的朋友约翰的手里，并吩咐道："吻吻他，约翰！"约翰不得不在众目睽睽之下，亲了亲小孩那肮脏的脸蛋。而这一幕却使人们认为杰克逊是一个充满爱心的人。这一年，杰克逊终于如愿以偿，当选为美国第七任总统。

幽默是一种奇妙的语言，它能够激起普遍的欢乐和快感，把大家带进愉悦的氛围。那么，当我们遭遇窘境时，该如何利用幽默为自己解围呢？不妨从以下两点入手：

1. 采用"趣味思维"方式

"趣味思维"是一种反常的"错位思维"，就是不按常规的思路走，而是"岔"到有趣的方面去，进而捕捉到生活中的喜剧因素。

拿破仑的身高只有168公分。当年他担任意大利军总司令时，曾对比他身材高大的部下说："将军，你的个子正好高出我一个头；不过，假如你不听指挥的话，我就会马上消除这个'差别'。"严厉中，显示出了拿破仑的幽默和自信。

在这里，拿破仑并不避讳自己个子矮的弱点，反而从自己身上找到了"喜剧因素"。他的思维"错位"使他想得同别人不一样，于是便产生了幽默。

2. 在瞬息构思上下功夫

用幽默解围是一种"快语艺术"，它需要的是灵光一闪的智慧。你必须想得快，说得快，触景即发，涉事成趣，既出人意料之外，又在情理之中。

比如，有位老师问一位学生："马克思是哪国人？"

学生说："是英国人吧？"

教师煞有介事地说："哦，马克思有时也会搬家的。"

学生对这样常识性的问题都答不出，可能令老师不快，但他幽默的语言脱口而出，包含了对学生善意的批评，又给对方解了围。

尴尬场合，得体合适地运用幽默可以平添风采。做一个说话幽默的人，需要我们用一种趣味的角度看待发生在自己身边的种种事情，只在一念之间，悲剧变喜剧。请在自己的心里撒下幽默的种子，不用多久，你会发现，自己是世界上最开心的人！

幽默是化解敌意的良药

【核心提示】当两人心存芥蒂或谈话出现抵触情绪时，运用幽默可以灵活摆脱僵局，让人与人间消除敌意，增强好感，从而化解敌对情绪。

【理论指导】

我们可能都有这样的体验：与人谈话的时候，发现对方将我们的话驳回，换之不友好的应答。这是对方产生的敌对情绪所致。言谈中的敌意，使对方不再接受我们的观点，从而破坏原有的人际关系，阻碍了谈判的顺利进行。

这时，可用幽默巧答，灵活解脱，让人与人之间消除敌意，增强好感，从而化解敌对情绪。

1943 年，英国首相丘吉尔与法国总统戴高乐由于对叙利亚问题的意见产生分歧，两人心存芥蒂。直接原因是戴高乐宣布逮捕布瓦松总督，而此人正是丘吉尔颇为看重的，要解决这件令双方都颇为棘手的事，只有依靠会晤了。

丘吉尔的法语讲得不是很好，但是戴高乐的英语讲得很好。这一点，是当时戴高乐的随员们以及丘吉尔的大使达夫·库柏早就知道的。

这一天，丘吉尔是这样开场的，他先用法语说道："女士们先去逛市场，戴高乐、其他的先生跟我去花园聊天。"

然后他用足以让人听清的声音对达夫·库柏说了几句英语："我用法语对付得不错吧，是不是？既然戴高乐将军英语说得那么好，他完全可以理解我的法语的。"戴高乐及众人听后哄堂大笑。

案例中丘吉尔的这番幽默消除了双方心中的芥蒂，建立了良好的会谈气氛，使谈判在和谐信任中进行。由此可见，幽默不仅能够活跃谈话的气氛，如果运用得好，还能化干戈为玉帛。

每个人的脖子上都是不同的脑袋，人的思想也不可能相同。因此，当意见不一致时，要学会运用幽默来化解，避免让双方进入对话的死胡同，化危机为转机。

1717年，伏尔泰因为讥讽摄政王奥尔良公爵，被囚禁在巴士底狱11个月之久，出狱后，吃尽了苦头的哲学家知道此人冒犯不得，便去请他原谅。摄政王深知伏尔泰的影响，也急于同他化干戈为玉帛。于是两个人都讲了许多恰到好处的抱歉之词。最后，伏尔泰再一次表示感谢说："陛下，您真是助人为乐，为我解决了这么长时间的食宿问题，我衷心地再次向您表示感谢。可今后，您就不必再替我操心啦。"

幽默是化解敌意的良药。

一天晚上，张鹏正在家休息，可邻居家的音响却响个不停。他迫于无奈，几次想出去问罪于对方，但理智又告诉自己，这样会破坏了邻里关系。张鹏灵机一动，计上心来，他手里拿着一个螺丝刀敲开邻居家的门，说："我是来帮你修音响的。"

邻居不明所以地一愣，张鹏又接着说："你的音响是不是音量控制键坏了。"

邻居这才明白，忙莞尔一笑说："对不起，我太大意了，吵到你了吧？"

张鹏其实并不是真的想给邻居修音响，他不过是想表达对邻居太嘈杂的音响的不悦，这样既避免了对邻居大发雷霆，又化解了可能出现的一场争执。这样，张鹏巧妙使用幽默维护了自我。使用幽默我们可以用更有效的方式，把平常不便对某些人讲出来的话，适当地表达出来。

幽默是一种很巧妙的语言，它可以缓解紧张、消除畏惧、平息愤怒。所以，如果能在白热化的僵局中使用幽默，便可巧妙地避免麻烦和纠纷。但运用幽默要把握好分寸。

幽默必须言之有物

【核心提示】要使幽默"言之有物"，让自己的语言内容充实，幽默必须建立在丰富的知识之上，否则说出来的话会变得不入流。而言之有物就是你知道怎么说可以达到幽默的效果，这样既能体现自己的说话水平，又能打动人心。

【理论指导】

有口才的人说话具有条理清晰、言之有物、有理有据等特征。孟子曰："言无实不祥。"意思是说，言语没有实际内容是不好的。因此，我们说话要言之有物，切忌言之无物，废话、空话连篇。

据说，苏格拉底曾经用"三个筛子"的理论教育他的学生。

有一天，苏格拉底的一个学生兴冲冲地跑来对他说："老师，告诉您一件您绝对想不到的事。"

没想到苏格拉底竟然毫不留情地制止了他："请等一下，你想讲的这件事，用三个筛子过滤了吗？"

学生不解地摇了摇头。

苏格拉底继续说："当你准备向一个人讲述一件事情的时候，一定先用三个筛子过滤一遍。这第一个筛子是'真实'，你能保证这件事情的真实性吗？"

学生惭愧地说："这件事我是道听途说的，大家都这么说，所以我想到要来告诉您，但是不能确保它一定是真实的。"

苏格拉底继续说："那就应该用第二个筛子去筛查，这件事是善意的吗？"

"不是，正好相反，这件事情充满了恶意。"学生越发羞愧难当。

苏格拉底依然不厌其烦地讲道："那么，再用第三个筛子分析一下，这件事是重要的吗？"

"也谈不上很重要。"学生的头完全垂了下来。

苏格拉底这时候才语重心长地说："既然这件事情并不主要，也不是出于善意，更不知道它的真假，那又何必说呢？说了只会造成我们彼此的困扰罢了。"

学生使劲点了点头，牢牢记住了老师的话。

苏格拉底"三个筛子"的理论中，真实性也好、善意也好、重要性也罢，其实都是在强调讲话要有内容，如果一件事是编造出来的，讲话者是不怀好意的，或者内容是鸡毛蒜皮的小事，那么即使情节再生动曲折，也不应该讲出来。

现实生活中，我们都喜欢那种在最短的时间，讲出最多信息的人，却不喜欢长篇累牍，让人听得一头雾水，却不知所云的人。所以，我们在各种场合讲话运用幽默时，一定要言之有物，不能光耍嘴皮子。

幽默的人，给别人的感觉是温暖、仁慈、敦厚，说出来的话能让人哭、让人笑、让人反省、回味无穷。即使是讲笑话，除了令人发笑之外，也要讲究深度，如果只是为了开玩笑，那会令人倒胃口。

要使幽默"言之有物"，让自己的语言内容充实，幽默必须建立在丰富的知识之上，否则说出来的话会变得不入流。而言之有物就是你知道怎么说可以达到幽默的效果，这样既能体现自己的说话水平，又能打动人心。

孙中山曾在广东大学（即今中山大学）发表演讲，内容是三民主义。当时听演讲的人很多，但是礼堂小，通风不够，所以导致很多人精神不佳，现场的气氛比较无趣，很多人听讲座的兴趣并不高。

孙中山看到这种情况，为了提起听众的精神，改善场内的气氛，他巧妙地讲了一个故事："我小时候在香港读书，见过有一个搬运工人买了一张马票，因为没有地方可藏，便藏在时刻不离手的竹竿里，并牢记马票的号码。后来马票开奖了，中头奖的正是他，他便欣喜若狂地把竹竿抛到大海里去了，因为他以为从今以后就不再靠这支竹竿生活了。直到问及领奖手续，知道要凭票到指定银行取款，他这才想起马票放在竹竿里，便拼命跑到海边去，可是竹竿连影子也没有了。"

故事讲完了，听众的精神振奋了，大家议论纷纷，礼堂里充满了笑声、叹息声，气氛一下子变得活跃起来。

于是，孙中山抓住时机，紧接着说："对于我们大家，民主主义这根竹竿，千万不要丢啊！"他很自然地把话题引到原来的轨道上。

孙中山所讲的这个幽默故事，不仅调节了听众的情绪，而且让大家在笑声中认识了真理，达到了良好的效果。

总之，幽默的语言要真实、形象生动，这样能引人联想，让人回味无穷。

把握好言语幽默的分寸

【核心提示】幽默风趣并不是油滑、浅薄的耍贫嘴、打哈哈，它应当是智慧和灵感的闪光。如果你的幽默带着恶意的攻击，以挖苦别人为目的，还是不说为妙。

【理论指导】

言语幽默的人处处受人欢迎，言语幽默的人更容易获取成功的机会。但是幽默要说得合理，要把握好一个"度"，也要分清场合。无规矩不成方圆，同样玩笑开得过火也会惹是生非。所以幽默也要注意分寸。

如果不把握幽默的分寸，为了幽默而幽默，必将损害自己在别人心目中的形象，减轻自己在别人心目中的分量，甚至直接影响两人之间的关系。因此，幽默话要适度，超越分寸，有时变成油腔滑调，令人生厌；有时变成狂言，受人指责。

多年前，英国大文豪萧伯纳到上海访问时，林语堂上船迎接。林语堂说："上海许多天来不是大风就是大雪，直到今天才放晴。你真是好福气，一到上海就看见太阳。"萧伯纳听了，说："是太阳有福气，能在上海见到我。"

"是太阳有福气……"出自萧伯纳，听起来很俏皮，令人开心。如果是东西两村洽谈事宜，其中一方一时高兴，对对方说："太阳有福气，能在东村见到我。"东村人听起这话自然不爽，说不定还要去教训他一顿。

如果你的幽默带着恶意的攻击，以挖苦别人为目的，还是不说为妙。再好的糖衣，如果里面包的是毒药，也会置人于死地。

在工作中，幽默也是如此，特别是办公室这个无风还起三尺浪的地方，就更要注意开玩笑的分寸，哪怕是最轻松的玩笑话，也要注意掌握分寸。

幽默风趣并不是油滑、浅薄的耍贫嘴、打哈哈，它应当是智慧和灵感的闪光，含而不露地引发联想，出神入化地推动人们领悟一种观点、一种哲理，它有情的酿造、有理的启迪，传达着丰富的信息。

幽默有时是文雅的，有时是含有暗示用意的，有时是高级的，有时是低级趣味的。我们切忌在交际中开低级趣味的玩笑，以此为幽默，会使人丢脸，反目成仇，所以在社交场合中，幽默应该显示人的高尚、斯文。

谈笑应恰如其分，因地因时适宜。比如大家正在聚精会神地讨论研究一个具体问题，你突然插进了一句毫无关系的笑话，不但不令人发笑，反而使人觉得无趣。

在社交场合中，如果一味地说俏皮话，无限制地幽默，其结果也会适得其反。譬如，你把一个笑话反复了讲了三遍，起初人家还以为你很风趣，到后来听厌了之后，会使人感到呆板、无聊。

恰当的幽默会助人成功，但不当的幽默也会让自己陷入窘境。事实上，幽默是有很多禁忌的。

1. 忌目的不明确，尺度不适当

打个比方来说，这恰如用杠杆原理去撬一块石头，目的是搬石头，所以弄清石头的支点在哪里是关键。幽默的目的有大有小、有远有近，幽默的尺度，则是幽默的支点。找到这一支点，能缓解气氛；掌握不好，将成为社交场合的破坏性炸弹。

通常人们所运用的都是嘲讽假恶丑，颂扬真善美的道德尺度。即对幽默题材对象运用正确的道德评价，不用愚昧去嘲笑科学、不用错误的标准去攻击正确的事物。

2. 忌拿庄严的事物当作幽默的对象

比如说，一个民族、国家、社会制度和人生的信仰等。

开玩笑、玩幽默，同样应注意有礼的问题，污秽、粗俗之物不可拿来造幽默。避开这些题材，并非幽默烹调的特殊要求，而是一般社交中应注意的礼貌常识。

3. 忌拿不如自己的人调侃

面对不如自己的人少调侃，少拿别人的疮疤做娱乐话题。另外，幽默语言不可在伦理辈分上占便宜。一些趣味低级的人往往喜欢找空隙给身边的同事当一会儿"父亲"或是"爷爷"辈之类的，这样也会闹得彼此都不开心。

4. 忌自我为中心

哪怕你有一肚子的笑话，也别滔滔不绝地说起来没完没了。总是以自己为中心，难免会让别人感到不快或受冷落，甚至还可能会让人误会你想表现自己。要知道，聚会也是别人的社交，你得让别人也有表现的机会。需要幽默时，你只需恰到好处地说上几句画龙点睛的话就好，不要过分出风头。

综上而言，幽默不可不注意对象。掌握了幽默中的禁忌，才能让人喜爱、处处受欢迎，人际关系才能融洽、和谐。

巧设悬念，吊足听众的胃口

【核心提示】越是有悬念的东西，越是能吸引人的好奇心。

【理论指导】

吊足胃口其实就是设置悬念。制造悬念是一个非常有用的幽默技巧，是抓住听众的好办法。通常是讲话者先说出一个令人吃惊的"结论"，即从"另类"的角度说出结果，然后巧言解释，使接受者产生心理落差，"期望值"突然落空，笑声便出。

对演讲者来说，在说开场白的时候，只有通过巧设悬念才能进一步抓住观众的心，这样可以使演讲更加有趣、生动；就听众来说，如果演讲与一般逻辑不同，那么他们就会紧跟着向演讲者走，这样才足以吊起听众的胃口。

当代著名作家冯骥才机智幽默，口才不凡，经常妙语迭出。1985年，冯骥才应邀到美国做演讲。他的开场白新颖独特，构思奇巧让人赞叹。演讲即将开始，大厅里座无虚席，鸦雀无声。主持人向听众介绍说："冯先生不仅是作家，而且还是画家，以前还是职业运动员。"简短介绍完毕，大厅里一片寂静，只等这位来自中国的作家开讲。此时的冯骥才也十分紧张，因为美国人参加这类活动是极其严肃认真的，必定是西装革履，穿着整整齐齐，对演讲者要求很高，必须是口若悬河，机智敏锐，而且要幽默诙谐，否则他们就不买你的账，甚至会纷纷退场，让你下不了台。

只见冯骥才沉默了片刻，当着大家的面，把西服上衣脱了下来，又把领带解了下来，最后竟然把毛背心也脱了下来。听众都愣了，不知他这是什么意思。大厅里静得连掉根针也听得见。略停了一会儿，冯骥才开口慢慢说道："刚才主持人向诸位介绍了我是职业运动员出身，这倒引发了我的职业病。运动员临上场前都要脱衣服的，我今天要把会场当作篮球场，给诸位卖卖力气。"独具一格的开场白，引得全场听众大笑，掌声雷动。

一开场，冯骥才就制造了一个悬念，他并不急着演讲，而是从容不迫地脱起了衣服，如此出人意料的行径，让听众大感不解。吊足了听众的胃口后，冯骥才不露声色地说出开场白，幽默地说出用意，寥寥数语就让听众恍然大悟：原来他刚才的所作所为都是铺垫与烘托，他是接着主持人介绍自己曾是职业运动员的话头，来了个"借梯登楼"，"运动员临上场前都要脱衣服的"，所以他也"照葫芦画瓢"脱衣服为演讲做准备。

这样别开生面而幽默生动的开场白，令人耳目一新，一下子吸引了美国听众的注意力。冯骥才的演讲，以动作设悬念，开场白释悬念，如此睿智幽默，引起听众的满堂喝彩也是顺理成章的了。

设置悬念又称"卖关子"，即说话者先提出一个故意使人产生误会的结论，然后再做出一个出人意料的分析和解释，其目的是为了抛砖引玉，利用听者的好奇心理，先说出一个发人深思或出人意料的现象、结论，设一"关卡"又秘而不宣，吊住听者的胃口，再巧解谜团，让听者自我猜测思考后才加以分析，和盘托出真情或道理。

著名作家刘绍棠就是利用巧设悬念法，使演讲成功的结束。

有一次，刘绍棠要在南开大学做报告。在他讲到"每一位作家都是有所为有所不为的，即使是真实的东西，也是有所写有所不写的，无产阶级的文学更是如此"时，台下有人递来一张纸条，上面写着："刘老师，您说作家有所为有所不为，我觉得不应该这样。既然是事实的，就是存在着的；存在着的，就应该给予表现，就可以写。"

刘绍棠对于这张纸条提出的问题，并没有采取简单的批评的方法去回答，而是找到这位写纸条的女同学，说："你把你的学生证给我看看好吗？"这位女学生充满疑惑地反问："为什么要看我的学生证？""我要看看你的学生证上是不是贴着脸上长疮的照片。""我为什么要把长疮的照片贴在学生证上啊？""长疮时你为什么不照个照片呢？"刘绍棠追问一句。"长疮时谁还照照片啊，怪寒碜的。"女同学很轻松地回答。

　　"你不在长疮时拍照片，更不会把长疮的照片贴在学生证上，这说明你对自己是看本质的。因为你是漂亮的，长疮时的不漂亮是暂时的，它不是你最真实面目。所以你不想照相留念，更不想照这样的像贴在学生证上。不良词语，无法显示的某些缺点是需要批评的，但有些事情是有特殊原因的，是涉及许多方面问题的，可你非把它揭露出来，这岂不是明知故作，岂不是跟把长疮的照片贴在学生证上一样道理吗？"

　　这位女同学提的问题应该够"刁"，因为她针对刘绍棠演讲中的部分话语大做文章，如果照常理来讲，是需要付出很多的精力与时间的，但刘绍棠巧妙地跳出这个圈，使出了"卖关子"手段，不与她进行正面"较量"。他从听众的角度出发，根据照片与本人的可比性，先使对方不知不觉地进入自己预设的语言"圈套"中，然后就此展开说理，使道理犹如拨云见日般地显露出来。

　　可见，设置悬念法对调节生活中的尴尬及不快有很好的效果。但设置悬念也是需要技巧的，其前提是做好充分的铺垫，不要急于求成。你所说的话要让听众对结果产生错误的预料，然后在听众的强烈好奇心下再把结果点明。给听众一点思考的时间，这样听众就能更加深刻地领略话中的奥妙。

一语双关，娱乐无极限

【核心提示】 当遇到棘手的问题不好回答或不能回答时，一语双关往往能收到出人意料的效果。

【理论指导】

一语双关是利用语意相关或语音相似的特点，使语句具有双重意义，造成言在此而意在彼的效果。善用双关语，能曲折地表达思想感情，使语意含蓄，也使语言幽默诙谐。

所谓双关，也就是你说出的话包含了两层含义：一是这句话本身的含义；另一个是引申的含义，幽默就从这里产生出来。也可说是言在此意在彼，让听者不只从字面上去理解，而能领会言外之意。

美国第38任总统福特，他说话喜欢用双关语。有一次，他回答记者提问时说："我是一辆福特，不是林肯。"众所周知，林肯既是美国很伟大的总统，又是一种高级的名牌小汽车；福特则是当时普通、廉价而大众化的汽车。福特总统说这句话，一是表示自己谦虚，一是为了突显自己是大众喜欢的总统。

使用双关语是产生幽默的最常见的方法。双关具有一箭双雕的特点，在文章或说话中是一种幽默的机智，只要用心观察，就会发现日常生活中有不少具有创意的双关语。

有一天，一位年轻的作者来到某编辑部，递上自己的作品。编辑看了作品以后问他："这篇小说是你自己写的？""是我自己写的。我构思了一个多月的时间，整整两天才写出来的！""啊，伟大的契诃夫先生，您什么时候复活了啊！"编辑大发感慨。听了编辑的话，年轻人赶紧离开了编辑部。原来，"契诃夫先生，您什么时候复活了啊"这句话，暗指"你抄袭了契诃夫先生的作品"。其效果远胜于明言快语地指出作品是抄袭的。

在社交中，当遇到棘手的问题不好回答或不能回答时，一语双关往往能收到出人意料的效果。由于双关语含蓄委婉，生动活泼，又幽默诙谐，饶有趣味，能给人以意在言外之感，又使人回味无穷，因而经常为人们所使用。

有时候，相同的一句话，因为场合、说话对象等外在因素的不同，说出来就会有不同的意思。因为有些词语本身就包含有两种相反的意思，在特定的场合表达出与人们期望相反的意义。

语意双关是一种非常实用的幽默技巧，它可以避免把话说得太直、太透，我们要学习并利用它，使之成为社交中与人交流的沟通方式。

第四章

赞美的力量：

不花一分钱，也能赢世界

巧妙称赞对方的闪光点

【**核心提示**】称赞他人之前，一定要找到对方闪光之处，在尚未确定对方自豪的内容之前，最好不要盲目称赞，以免自讨没趣。

【**理论指导**】

　　巧妙美好的赞美是人们生活中不可或缺的调味剂，要善于从对方身上捕捉可赞美之处。人人都有自己的闪光点，关键在于你是否有一双敏锐的眼睛。有些人对他人很少赞美，一个重要的原因就是他们看不到人家值得赞美的地方。

　　俗话说：赠人玫瑰，手留余香。赞美也一样。巧妙地赞美对方的闪光点，有助于沟通自己与他人的感情。特别是当你与他人产生隔阂时，关注对方，注意赞美他的闪光点，就是消除这种隔阂的最有效方式。

　　同时，对于自己不太亲近的人，恰当地赞美对方的闪光点，会增加对方的亲切感，自己很可能被对方接受和喜欢，进而建立更进一步的人际关系。

　　一位资深的作家经常被人称赞美："你真是个伟大的作家，大家都认为只有你的作品是最值得我们拜读和学习的。"听到这样的夸赞，作家无动于衷，脸上没有任何表情。因为，以他现在在文坛上的地位，听到的类似的赞美已经多得不能再多了。

这时，过来一名女记者，她主动伸出手来与作家握手，另一只手指着作家修剪整齐的胡须说道："先生的胡须可真的是与众不同，很有品位还十分有魅力。"女记者的话正说到了作家心坎上。

原来，刚被女记者称赞的胡须是作家精心留下并修剪打理的，可是却很少有人对他的胡须进行赞美。今天女记者这么一夸，正好夸在点子上，夸到了作家的心坎里，他顿时喜上眉梢。

结果可想而知，女记者对作家进行了独家专访，而且两人还成了好朋友。

从这个故事可以看出，恰合对方心意的赞美往往能给对方留下深刻的印象。对方会因为你的赞美而产生进一步同你接触的积极性，同时他也会对你具有的不易被人察觉的特质大加赞美。所谓投桃报李，无形中拉近了彼此之间的距离。

由此可见，在赞美别人时一定要善于寻找对方最希望被人赞美的地方。例如，一般的女孩子都喜欢别人称赞自己漂亮，但是对于姿色出众的女孩，却希望别人赞美自己聪明。那么，"你真聪明"之类的夸赞会让她们欣喜万分。再比如，面对一个职位高升的人，与其恭维他步步高升，还不如用"恭喜你可以在更大的天地里施展自己的才华了"来赞美。

同时，每个人都会有自己厌恶的东西，包括缺点。如果在对方看来是缺点且极力避讳的东西，却被你找出来极力夸奖，效果会适得其反，在对方听来就是挖苦和讽刺。这会让对方对你产生强烈的排斥，甚至你从此会被对方拉进交际黑名单。

赞美他人的闪光点，就要寻找到对方的闪光之处。每个人身上都有自己闪光的地方：有的人才智出众，心灵手巧；有的人待人宽厚，不计得失；有的人学习勤奋，锲而不舍；有的人脾气很好，做事细心。只要你细心观察，就能发现各种各样的闪光点，借此大加赞扬。

楚汉之争，结果刘邦打败了项羽，刘邦心里自然很骄傲，常常问他的大臣自己为什么能打败项羽之类的问题。大臣们都非常了解刘邦"胜者为王"的心理，于是都对他的才能赞叹不已。刘邦逐渐产生了自满情绪，执政的积极性慢慢懈怠了下来。

一天，刘邦生病躺在宫中，下令不见任何人，也不理朝政。周勃、灌婴等许多跟随他征战多年的大臣都找不到劝说的办法。

后来大将樊哙想出了个办法，进宫进谏。他先对刘邦过去的功绩进行了一番赞美："想当初，陛下和我们起兵沛县定天下之时，何等英雄！上下团结、同甘共苦，打败了项羽，建立了汉朝大业。"

几句话激起了刘邦对自己辉煌历史的自豪之情。然后樊哙话锋一转，说："现在天下初定，百废待兴，陛下竟这般精神颓废，大臣们都为陛下生病惶恐不安，陛下却不见大臣，不理朝政，而独与太监亲近，难道您不记得赵高的教训了吗？"

刘邦恍然大悟。自此以后，刘邦专心勤政，休养生息，使全国各地呈现出一派兴旺发达的景象。

故事中，樊哙先是称赞了刘邦征战时的辉煌战绩和勤政作风，而后又婉转地批评了刘邦的颓废和懈怠，赞扬与批评相结合，一席肺腑之言及时劝醒了刘邦。

由此可见，赞美就得"赞"到点子上，还要出自内心的真情实感，这样的赞美才不会让人觉得虚假和牵强，而且会使对方产生一种遇到"知音"的感觉。因此，人与人之间的距离便越来越近。想要和别人融洽相处，就要学会恰到好处、真心地赞美他人。巧妙地赞美对方的闪光点，往往会让对方听来十分亲切和愉悦，因而也更能增进友谊。在实际的生活和社会交际中，赞美对方闪光点要注意以下几点：

1. 赞美要及时

对别人的赞美一定要及时，确保赞美的有效性。比如，赞美对象取得了一些荣誉或完成了一项艰巨的任务，要尽可能地在第一时间向对方表达你的赞美，不要等到别人都快忘了这事时你再来提及，赞美的效果就会大打折扣。

2. 赞美的话要准确，不能偏离事实

赞美别人是好事，但不应当是无原则的赞美。要把握分寸，确保赞美的内容与事实相符。比如一个长得很丑的人你硬说他高富帅；而一个思想狭隘之人，你却夸赞他品德高尚。这样的赞美只会让对方尴尬，并让对方误会你有讥讽的意思。所以，赞美对方时，夸赞的内容一定要符合实际。

3. 赞美要真诚

赞美别人时眼睛要注视着对方，把要赞美的话以真实情感来表达，让对方感受到你赞美的诚意。如果在赞美时东张西望，目光游离，别人不但感觉不到你的诚意，反而会认为你在敷衍，导致事与愿违。

总之，称赞他人之前，一定要及时找到对方闪光之处，在尚未确定对方自豪的内容之前，最好不要盲目称赞，以免自讨没趣。

怎样避开赞美中的暗礁

【核心提示】赞美他人是好的，但如果把握不好赞美的分寸、赞美的尺度，就会产生一些不良的后果。

【理论指导】

赞美他人是好的，但如果把握不好赞美的分寸、赞美的尺度，就会产生一些不良的后果。因此，掌握赞美他人的艺术需要我们在生活中多观察、多总结，避开在赞美中可能出现的暗礁，只有这样，才能够准确恰当地运用它来达到我们与他人沟通的目的。

忌讳常常被人掩埋在深处，是内心不结疤的伤痕，不愿被触碰。生活中，每个人都有自己的忌讳和隐私，不喜欢别人冲撞自己的忌讳。赞美别人时如不小心冒犯了对方的忌讳，往往会适得其反。常言说：当着矮人，不说短话。所以要深知，赞美也要避开别人的忌讳。

黄经理和沙经理很要好，志趣相投，嬉笑怒骂无所不说，私下里没有保留的余地，甚至对方的忌讳也是酒后茶余的谈资。

在一次宴会上，黄经理喝多了，为了表达对沙经理的曲折经历和能力的敬佩，他举起酒杯说："我提议大家共同为沙经理的成功干杯，总结沙经理的曲折经历，我得出一个结论：凡是成大事的人，必须具备三证。"

接着，黄经理提高了嗓门说道："第一是高学历的毕业证，第二是职称资格证，第三是离婚证。"

黄经理的话音刚落，众人哗然。原本是赞美之中的玩笑话，但此时此刻却极不适宜提及，沙经理硬撑着喝下了那杯苦涩的酒。

离婚无疑是沙经理的软肋，他不想让更多的人知道，也不想让自己的隐私成为别人的谈资。虽然黄经理与他关系亲密，但对于黄经理的如此"赞美"还是很难接受。

从这则故事里不难得出，就算是与自己关系很好的朋友，当着其他人的面，也千万不要拿对方的隐私说事，尤其是拿伤口当优点。毕竟每个人都有隐私，懂得尊重朋友的隐私，人际关系才能更好。

有些人可能会认为，与人交往，难免会碰触到对方的"禁忌"。其实，在与人交往中应当尽量避免对别人的冲撞，不然，它会让你与对方辛苦建立的信赖关系，瞬间化为乌有。有时候套用用公式化的赞美，也会冲撞别人的忌讳。

一个小伙子到同学家里玩，见到了同学的哥哥后就用了公式套语说："大哥你好，见到你真高兴，久闻你的大名，如雷贯耳，百闻不如一见。"没料到对方的脸一下子变红了，原来，同学的哥哥因为偷窃被劳教改造刚出来。

这个小伙子根本就没弄清楚状况就乱恭维一番，不料却揭了对方的伤疤，险些造成一场风波。

之所以在赞美别人时，会引起对方的不满，出现这么大的乌龙，是因为没能很好地掌握赞美的技巧，不懂得怎样避开这些可能导致人际交往失败的重要问题。要想在赞美别人时，收到预期的效果，就要学会避开赞美语言中的暗礁，具体可以参考以下几点：

1. 想称赞对方，不能说让人难理解的话，那样等于徒劳

想要称赞对方，就不要在赞美别人时说些不能让人理解的话。这样，既达不到赞美别人的目的，又让人觉得很莫名其妙，并容易招致周围的人耻笑。所以应当注意：赞美时不用考虑得太复杂，只要用合适的语言来表达自己的赞美之意就可以。切忌用一些笼统、模糊的语言故作高深。知识是赞美别人的源泉，为避免出丑，平时最好多看一些相关的书籍。

2. 不拿别人的缺点当赞美的标的

没有人喜欢别人拿自己的缺点来说自己，在赞美别人之前，

要事先做下了解，清楚对方的优点和弱点，在组织赞美语言时巧妙地避开弱点，既保全对方的颜面，又达到赞美对方的目的。除了上述事例中的黄经理，现实生活中不少人都犯过这样的错误，比如夸身材发福的女士丰满、夸女生化妆之后真漂亮或你照片拍得真漂亮等等之类的话，本来称赞是一件好事，那么就应该思考一下怎样表达更能让对方接受。

3. 赞美要分清对象，不夸张

有的人赞美他人，往往不分对象，找不准特点，滔滔不绝地对对方所展现的一切通通用夸张的赞美之词夸了个遍，以求给对方留个好印象。事实却恰恰相反，喋喋不休的赞美让对方不胜其烦，让人觉得过于虚假，甚至怀疑你的人品。所以在赞美中应当注意：面对要夸赞的对象，找准对方的特色和长处，恰到好处地夸赞一下，反而更易于被人接受。

4. 从与其弱点关联的良好一面去赞美他

弱点是人人都有的，赞美又是人人都需要的。了解一个人的弱点，巧妙地绕开他的弱点，从该弱点反映出的积极意义去赞美对方，往往能收到意想不到的效果。

赞美人本来是好事，但并不是所有的话题在任何时间、任何地点都适合拿来公开谈论。若是你口无遮拦，犯了忌讳，好事也变成坏事。有时言过其实适当地夸张一点更能充分地表达自己的心情，别人也乐意接受。但如果夸张过度，赞美也就变了味道。即使朋友之间关系密切，也要注意。

总之，赞美也要讲究策略，注意技巧，必须避开暗礁，才能达到赞美的效果。

间接赞美男人，直接赞美女人

【核心提示】男人和女人的思维方式存在差别是毋庸置疑的，这就需要你在与异性朋友相处的过程中抓住对方的思维特征，采取不同的方法。

【理论指导】

赞美是男女双方表达感情的最好方式。如果一个男人对某个女人有好感，他可以通过赞美让对方了解他的心意。但由于男人和女人的思维方式有着较大的差异。男人会以他习惯的方式赞美对方，而不用女人习惯的方式去赞美。同样，许多女人也不清楚如何去赞美男人。

总的来说，男人希望得到感谢，女人希望得到爱慕；所以，赞美男人要间接，赞美女人要直接。

对于男人来说，当他的决定和行动得到别人的认可和感谢时，这就是最动听的赞美，让他感到自豪。比如，当男人提议的餐馆让你觉得品位很不错，他就会非常得意，好像那顿菜就是他做的，他就是那个擅做美味的大厨一样。

而对于女性，她的表面看上去很平静，但内心却情感丰富、细腻，她们渴望被别人关怀和问候，对其直接赞美，是最为有效、最容易令她们感动的。但如若对她们赞美不当，则会引起她们的反感。

当你赞美一个男人的爱好或兴趣时，就相当于你在赞美他；当你面对一个女人时，你就要直接赞美她这个人本身。所以，在赞美男人时，话语一定要含蓄，间接的赞美才能达到目的；而对女人来说，直接的赞美最能使她们感到满足。

东汉时的美女貂蝉，之所以能接近吕布，挑拨吕布与董卓的关系，制造矛盾，使用的不仅仅是美人计，还有她不动声色的赞美。

貂蝉对吕布说："妾虽在深闺，但久闻将军大名。本以为在这世上就将军一人有如此本领，但听到别人闲言，说将军受他人之制，如今想来，着实可惜。"边说边泪如雨下。吕布听了很惭愧，满怀心事地抱住貂蝉，安慰她。

貂蝉借助别人之口把吕布称赞得世间无人能及，挑起吕布的虚荣心，再巧妙地挑拨他受董卓之制，身为一个热血男儿，又怎能受到如此之羞辱呢。这些片言只语，正是以后董卓与吕布之间矛盾的导火线。

大多数男性都希望既得到女性的尊重，又得到一世英名。所以当有女性这样赞美他，而且又说是听别人说的，就会令他有一种错觉，觉得自己很了不起。

赞美男人最有效的方法，就是借助别人之口，间接地赞美他。如果你碰到以前的男同学，他现在事业有成，而你很想与他保持良好的朋友关系，就要学会借别人之口赞美他。你可以说：

"听别人说你最近做了一笔大生意。"或者"他们说你刚开了一家公司，祝贺你。"之类的话。

这种间接的赞美让男人非常受用，男人要面子好虚荣，多表现在追逐功名、显示能力、展示个性以显潇洒和能人之形象方面，而女人则表现在对容貌、衣着的刻意追求或身边伴个白马王子以示魅力方面。

用对赞美方式，还不能完全保证赞美的效果，在赞美男人和女人时还要注意以下两点：

·在赞美一个男人的时候，不要在赞美对方的时候对另一个男人大肆指责，并以其衬托他的能力，也许这样会使对方有成就感，但也会造成你对他的赞美有巴结和恭维之嫌。锦上添花很不错，但要把握分寸，不要造成误会。

·在直接赞美一个女人时，不但要留意找到最美好、最肯定的词语去形容她，而且不能仅仅就事论事。正确的做法是由事及人，或由物及人。使双方的谈话范围一直围绕着她来进行。就算不直接称赞对方，也要称赞与对方有关的事情，这样的赞美才行之有效。换句话说，对于一个女人的赞美，她的服装、装饰品、容貌等都是直接赞美的最有效的对象。

男人和女人的思维方式存在差别是毋庸置疑的，这就需要你在与人相处的过程中抓住对方的思维特征，投其所好。因此，赞美男人时要间接，赞美女人时要直接，这样才能抓住他（她）们的心。

有新意的赞美更能打动人

【**核心提示**】赞美别人，要善于挖掘，从独特的视角出发，察别人所未察，言别人所未言，这样才能发现新亮点。不要跟在别人后面，鹦鹉学舌，那样只能落入俗套，不会有什么新意。学会寻找和发现对方与众不同的地方，你的赞美也会与众不同。

【**理论指导**】

在通常情况下，当一个人在公共场合赞美对方，一时又找不到合适的赞美之词，于是就搬出一些众口一词的赞美，尽管是出于好意，但被赞美的人往往不会对这同一内容的赞美动容，甚至会因此而反感。如果你只是一味采用以往的陈词滥调恭维别人，那么效果将适得其反。

五代十国时期的梁太祖朱温对手下一些溜须拍马的人很不满意，一直想找机会教训他们一下。一天，梁太祖带领手下外出打猎，途遇一棵大柳树，他随口说了一句："这棵柳树真大！"他手下的这些弄臣马上附和道："这棵柳树真大！"梁太祖心里顿生厌恶，对这些弄臣的赞同产生了反感，但又不能马上发作，于是决定故意说错："这棵柳树这么大，能做车头。"按照常理，柳树是根本不能做车头的。梁太祖之所以这样说，只是再次验证一下这些臣子，他很希望能有人站出来驳斥这个观点，但结果却令他非常失望，在他话音刚落，几乎所有的人立刻应声附和："这棵柳树真大，能做车头。"梁太祖再也忍不住了，他厉声训斥道："柳树再大又怎么能够作车头，你们除了溜须拍马，并无治国之才，留你们何用？"说完愤然离开。

由此可见，在与人交往的过程中如果一味地恭维别人，只能适得其反。赞美如果一味地恭维和附和，被赞美者会觉得赞美者缺乏诚意、玩世不恭，从而认为对方不值得深交。

如果你能找到别人都忽视了的优点来赞美对方，就必然能引起对方的注意。因此，赞美别人，有时需要独具匠心。比如，面对一个学识出众而长相一般的女孩，如果你赞美她的专业水准高，她或许会对此没有太多反应，因为她自己对这一点已深信不疑，有关这方面的赞扬她听得太多了。可如果你赞扬她"走路姿势很优雅，显得很有气质"，她可能就会深深地记住这句话。

创新赞美很重要，如果在赞美他人时加上一些"新意"的话，让自己的赞美有别于那些陈词滥调，那么赞美的效果就会更趋于完美，效果自是不言而喻。

一位摄影师在为一位女明星拍照，女明星对着镜头有些紧张，一直没能捕捉到很理想的瞬间。于是，摄影师在按下快门前十几秒钟对她说："小姐，你的耳朵真漂亮，我拍过的所有模特里都没有这么漂亮的耳朵。"女明星平常听人夸赞漂亮、有气质等赞美语言太多了，但此时居然听到有人赞美她的耳朵，连她自己在此之前都没有发现，她赶紧摸了摸自己的耳朵。当她自然地把手放下时，摄影师的快门已经按下去了，并拍出了摄影师想要的表情。

摄影师赞美别人看不到的地方，这一招真是很厉害。可见那位摄影师不但拥有一双慧眼，抓住了别人没有注意到的细节，还懂得避开了锋芒，绕开人们关注的焦点的赞美技巧，取得"巧言至诚心"的最佳效果。

学会寻找和发现对方与众不同的地方，你的赞美也会与众不同。所以，要想引起对方的注意，就必须摒弃那种众口一词的陈词滥调，采用一种别具一格的赞美语言。经常恰到好处又实事求是地赞美别人，就容易得人心，同时也会赢得别人的认可和赞美。

赞美不能忽视小事

【核心提示】生活中的很多细节小事，犹如一块块未经雕琢的璞玉，如果你没有一双识别它们的慧眼细心鉴别，它们就会永远被埋在山野石林之中，很难实现其真正的价值。

【理论指导】

日常生活中，人们的视野中往往有许多盲点，不能发现别人细微的长处。真正的赞美能手，应避开盲点，从具体的事情入手，用翔实的赞美语言夸奖别人微不足道的小事，会让对方感觉真挚、亲切和可信。如果含糊其辞地赞美对方，很可能引起对方的猜度，甚至产生不必要的误解和信任危机。

很多人都认为自己精通赞美之辞，却不愿意在小事上赞美别人。自认为只有从大事、重要的事情着手，赞美才显得有诚意，才会有效果。其实，人们有非常显著成绩的时候并不多见，重复地累述同一个观点，又会招致别人厌倦。因此，应从小事之中发觉其含有的价值加以称赞，这才是赞美者的明智之举。

俗话说："勿以恶小而为之，勿以善小而不为。"同理，赞美也应勿以事小而不赞。一般来说，大事的影响和意义大家都能看得见讲得出，而被赞美者的整体形象还包括大事背后一件件细微的小事，而这些小事却被大多数人所忽略。对细微的努力表示肯定和赞美，会让被赞美者更开心。

当赞美的对象是针对某一件事情时，赞美会更有力量。称赞得越广泛越庞杂，它的力量就越弱。例如，"小李，你今天的穿戴非常有品位，你的领带跟你的黑色西服搭配得很完美"要比"小李，你今天穿得真精神"更能说到小李的心里去；而"黄小姐，每次和你说话，你都让我觉得很开心"就比"黄小姐，你很会与人相处"更有力量。

因此，赞美越从细节入手，越能说明你对对方的了解，对他的长处和成绩越看重，更能拉近你和对方的距离。不能只是用一些"你工作非常出色"或者"你对工作很有见地"等空洞肤浅的话语来称赞对方，赞美他人不能忽略小事。

法国前总统戴高乐访问美国期间，在尼克松为他举行的宴会上，尼克松夫人费了很大的劲布置了一个漂亮的鲜花展台：在一张马蹄形的桌子中央，五颜六色的鲜花衬托着一个精致的喷泉。戴高乐一眼就看出这是女主人为了欢迎他而精心设计制作的，不禁脱口称赞道："女主人为举行这次正式的宴会，一定花了很多时间来布置这么漂亮、雅致的鲜花展台吧！"尼克松夫人听了，十分高兴。事后她说："大多数来访的大人物要么不加注意，要么不屑为此向女主人道谢，而他总是先想到感谢别人。"

　　戴高乐贵为国家元首，却能细心发现别人的良苦用心，这使他成了一位备受别人尊敬的人。面对尼克松夫人精心布置的鲜花展台，戴高乐没有像其他人那样视而不见或漫不经心，而是即刻领悟到对方在此花费的苦心，并对这一片苦心表示了特别的肯定与感谢。戴高乐赞美的言语虽然简短，但很显然，使尼克松夫人深受感动。

　　很多人在赞美他人时习惯于泛泛而论，抓不住赞美的重点，其中一个突出表现就是忽视细节。其实，对方之所以在细节上投入那么多的时间和心血，一方面说明对方对此有特别的偏爱，另一方面也说明对方渴望这些努力能够得到应有的回报。

　　虽然赞美不能忽略生活中的小事，但并不是所有的小事都能作为赞美的对象，这就要求赞美者要掌握一定的技巧，否则会被别人当作小题大做，恭维做作，反而没有效果。

1. 排除理所当然的心理

很多人不喜欢从小事上对别人表示赞赏，是因为有一种理所当然的心理，认为别人做那些小事是分内的事情或觉得这些小事不值得赞扬，因为关系太熟也觉得不用赞扬等等，造成了不愿开口或懒得开口的状况。

2. 要善于留心观察

要想从小事赞美别人，就要做一个善于观察的有心人。称赞一个人最大的优点，不如发现对方最不显眼，甚至他自己也不曾发现的小优点。因为小优点容易被他人所忽视，从未或很少被人发现，因此也就容易得到被赞美者重视。同时，你与众不同的观察力还会获得对方的肯定。

3. 要善于思考

很多人认为，小事本身没有太大意义，因而可以忽略，可以视而不见。如果能从小事本身结合实际，发现其背后的闪光点，挖掘出更深一层的意义，对于这种赞美和肯定，就没有人会表示无动于衷，甚至会因此引发其他人的深省和感悟。

总之，想要拥有好的人际关系，就要学会在平时从细节上下功夫，不要忽略身边每一件值得赞美的小事。

第五章

魔鬼说服力：
在任何场合说服任何人

说服他人靠的是脑袋而非光靠口才

【**核心提示**】说服别人靠的是脑袋而非光靠口才，在劝人时不可直来直去、正面交锋，直白的语言只会招人反感和讨厌。

【**理论指导**】

大多数人认为，说服别人肯定要靠好口才。其实光有好口才还不能完全达到目的，有个聪明的大脑才是说服的根本。假如空有好口才而不知用智慧来支配口才，把握说话的分寸，好口才也可能成为毁灭你前程的罪魁。所以，在与他人相处时，不要逞一时之快，说话不可直来直去，招人反感。

历史上有个楚襄王，他整日不务正业，不思进取，只顾个人享乐，不理朝政，而且听信奸臣和谗言，结果一而再，再而三地被秦国攻城略地，江山社稷岌岌可危。

尽管如此，软弱的楚襄王依然不打算奋起反抗，而是一味地妥协退让，满怀希望地期待秦国人会良心发现，适可而止。

楚襄王的这种做法，让很多关心国家安危的忠贞大臣们十分着急，大臣们纷纷进谏，但楚襄王一个也听不进去。有的大臣甚至屡次进谏，反而遭到楚襄王的无理呵斥，说他们多言滋事，危言耸听。

　　这时，朝中有一位足智多谋的大臣，名叫庄辛。庄辛见楚襄王不顾国家的日渐衰亡，他看在眼里，急在心上，又见众人劝说无效，决定亲自去找楚襄王。

　　这天，庄辛看楚襄王正在花园赏花，就走了过来。楚襄王见庄辛来到自己身边，知道又是来劝谏的。楚襄王打定主意，无论庄辛说什么，自己都不听。所以等庄辛来到他身旁时，他只瞄了庄辛一眼，一言不发。

　　庄辛明白，自己若是直接劝解，肯定会与其他大臣一样无功而返，楚襄王是听不进去的，只有另辟蹊径，才能进谏成功。

　　这时，恰有一只蜻蜓飞来，庄辛马上找到话题说："大王，您看见那只蜻蜓了吗？"

　　楚襄王一听，感到有些意外，他不直接劝说却说蜻蜓，便说："看见了，有什么特别吗？"

　　庄辛继续说："瞧瞧，它活得多舒服呀！吃了蚊子，喝了露水，停在树枝上休息，自以为与世无争，世人不会对它怎样，但它哪里知道，树下正有个小孩拿了黏竿等着它呢！顷刻之间，它就会坠于地下，被蚂蚁所食。"

　　楚襄王听了，面露凄然之色。

　　庄辛又说："您看到那只黄雀了吧？它跳跃在树枝上，吃野果，喝溪水，自以为与世无争，世人不会对它怎样，但它哪里知道，树下正有个童子，拿着弹弓对准了它。顷刻之间，它就会坠下树来，落在童子手中。"

楚襄王听了，开始面存惧色。

庄辛又说："且不说这些小东西了，再说那鸿鹄吧！它展大翅，渡江海，过大沼，凌清风，追白云，自以为与世无争，乐得逍遥自在，世人不会对它怎样，但它哪里知道，下边正有个射手搭弓上箭，已瞄准了它，顷刻之间，它就要坠下地来，成为人间美味呢！"

楚襄王听了，惊起了一身鸡皮疙瘩。

庄辛又说："禽鸟的事不足论，再说一下蔡灵侯吧。蔡灵侯左手抱姬，右手挽妾，南游高陂，北游巫山，自以为与世无争，别人不会对他怎样，哪知子揽已奉了楚宣王的命令，前去征讨他而夺其地了，顷刻之间，蔡灵侯死无葬身之地。"

楚襄王听了，吓得手脚抖动起来。

庄辛又说："蔡灵侯的事远了，咱说眼前吧。大王您左有州侯，右有夏侯，群小包围，日夜欢娱，自以为与别人无争，会得到别人的容忍，哪知秦国的穰侯已得了秦王之令，正率重兵向我国进发呢！"

听了庄辛的这些陈述，楚襄王的脸色一点点变白，浑身发抖，他决心痛改前非，重振国威。庄辛忠心可嘉，楚襄王为此奖赏了他；庄辛又因劝君有方，被加封为阳陵君。自此，楚襄王励精图治，与秦人一争高下。

由此看来，在说服他人时，如果采取迂回的方法，既可以让他人明白自己的错误与过失，又能够使他欣然接受、乐于改正。庄辛要说的话和其他臣子一样，都是要劝楚襄王振作起来，但别人的话楚襄王听不进去，庄辛的话却让楚襄王吓得全身发抖。为什么呢？只因为庄辛在说服中拐了一个弯儿，采用了迂回战术。他抓住了两个关键点，一是把国家的生死和楚襄王的生死连在一起；二是用画面和实例来吓楚襄王，让楚襄王听了这些话就想到具体画面。当他想到其他人如蔡灵侯的真实下场时，自然就会想到自己的下场。

说服他人靠的是头脑而不是口才，所以在劝人时不可直来直去、正面交锋，直白的语言很可能会招人反感，而采取迂回的战术，让他人自觉明白自己的过错，才能出奇制胜。

在生活中，随时可能遇到要说服别人的情况，如果不掌握技巧，仅凭好的口才很难以达到理想效果，要想更好地达到说服的效果，就要靠脑袋来支配口才，具体从以下几点做起：

1. 从细节了解别人的意见和看法

要想说服别人，首先要清楚别人的意见，知道他们的想法，才能采取有效的语言进行说服。了解得越多，言语的说服力就越大。

想提高自己说服的效果，就要想办法接近对方，关心对方，注意他们的日常表现及心理活动。

2. 用内涵提升说服力

在与人争辩强调自己的观点时，要表现出风度，注意适可而止。即使你的观点很正确，也切忌把对方"赶尽杀绝"，让他在众人面前颜面扫地。给别人留足面子，自然就在别人的心里种下了感激和信服。

总而言之，说服他人不是强硬地把自己的观点塞进别人的脑袋里，也不是仅仅靠口吐莲花就能达到。而是要动用智慧，采用各种合理的方法和语言表达在人群里树立良好的声誉和信服力。

话不在多，点到就行

【核心提示】把话说到点子上，才能起到关键性的作用。

【理论指导】

当今社会生活节奏加快，很少有人愿意听你长篇大论地讲个不停，要想说服别人又不被他人反感，就需要用简洁、精辟的语言来抓住核心问题，一语中的。那些穿鞋戴帽、拖泥带水的空话、套话是人们非常讨厌的。所谓话不在多，管用就行。

俗话说："花钱花到刀刃上，敲鼓敲到点子上。"无论对方是谁，只要你能把话说到点子上，对方就会轻松明了。但在现实中，有些人生怕对方听不懂，翻来覆去地讲一个道理，结果适得其反。

好话并不是说得越多越好，也不是无论怎么说都能给自己带来好处，如果一味地说，但说不到点子上，只会事与愿违。因此，我们在试图说服他人时，应该针对实际，把握要讲的内容，简洁、准确、明晰地"点到"，同时又要注意留下充分思考的时间，让对方去领悟、消化。

齐国有个大臣叫淳于髡，他生得很矮小，但很有口才，非常幽默风趣，他每次出使诸侯国，都能顺利完成任务，是齐国的外交人才。他看到齐威王通夜喝酒，不理政事，政治混乱，国势危急，心中十分着急，但又怕得罪君主，于是便用隐语进谏。他对齐威王说："我们国家有一只大鸟，三年不飞也不鸣。大王，你知道是什么道理吗？"

齐威王立刻意识到淳于髡是在用大鸟比喻自己，说他待在宫里，百事不管，毫无作为，于是回答说："此鸟不飞则已，一飞冲天；不鸣则已，一鸣惊人。"齐威王从此便振作起来。

淳于髡的劝谏收到了奇效，促使齐威王下定决心、变法图强，整顿了内政，并整肃军威准备迎战诸侯。各诸侯国都很震惊，纷纷归还了侵占齐国的土地。

淳于髡并没有和齐威王大讲诸侯并侵、国人不治、内忧外患的种种场面，而只是用几句隐语点醒齐威王，明确地表达出齐威王要励精图治，这样使人更容易信服。

一个真正能说服别人的人，往往思维灵活，善于借物寓意，懂得从与别人不同的角度切入话题，准确地表达自己的意思，使听者在心领神会后，从心底里认同，而且还给对方留下利索、干脆的印象。所以，说服别人的关键不在于你能不能说，而在于你会不会说，能不能用简短的话打动对方。

很多时候，有的人喜欢长篇大论、东拉西扯，想用多方位的语言打动听者的心，虽然证明了个人的语言天赋，但是却让人云里雾里，甚而产生烦躁的情绪，很难达到说服的效果。正所谓打鼓要打到点子上，说话精炼，使听者在较短的时间里获得较多的信息，使对方为之震动、幡然醒悟，你的目的就达到了。

如果你想给别人留下很深的印象，就要懂得话说三分，点到为止，为自己留有余地。由此可见，少说话往往比喋喋不休更有力量。在社交场上，要想说服别人，话不在多而在精，在于力度和渗透力。

因此，在说服别人时，你不妨话说三分留七分，点到为止。这种似有似无的忠告或指责，往往要比翻来覆去讲效果要好得多。

惊人一语，胜过谰言千句。在说服别人的过程中所需要的恰恰是惊人一语。但把话讲到点上，也并非易事。它需要技巧，只有掌握这个技巧，才能在说服别人的时候无往而不胜：

1. 语言表达要清晰，不重复表述

在和对方交谈的时候，言词能表达出自己的意思，并且能每句话都有道理，不要反复强调你的好意，适当地留一点空间给对方慢慢地品味。如果你词不达意，乱说一通，不能把握重点，最终好话也就变成空话了。

2. 把握时机，给他人留存颜面

说服别人时要因时而异，择机而言。时机未到不可早说，话出口前，要三思而后言。词句要中肯恰当，既能明确自己的意

思，又能维护当事人的颜面。

总而言之，言有尽而意无穷，让别人悟出你话中有话。话不在多点到为止，这不失为一种大智慧，既保全了对方的面子，又打动了对方的心。

对不同的人要采取不同的说服方式

【核心提示】由于被说服者的性格不同，说服时要点的把握就有很大的区别，这就需要自己平时细心琢磨、灵活掌握，因人制宜。切忌不分对象，见了哪路神仙都是一副面孔、一个腔调、一套说辞。

【理论指导】

不同性格的人，对接受他人意见的方式和敏感程度是不一样的。在说服别人的过程中，要根据说话对象的不同，改变说话方式、语气和措辞，这样说出来的话才能容易被对方接受，达到说服他人的目的。

在生活中，每个人的性格都全然不同。比如有人个性强，有人则比较感性，有人较虚荣等等，而且每个人的行为动机和需求也不尽相同。所以，要想说服他人就要因人而异，一把钥匙开一把锁。根据对象的实际情况如年龄、身份、文化修养、性格、彼此间的熟悉程度等等方面，采取不同的说服方式和语言技巧来增加自己的说服力。

一家工厂精减人员，一位女员工由办公室被精简到一线。这位女员工很想不开，觉得厂长有意针对她．要求厂长立即给她办病休手续，要吃劳保。这天，她又到厂长办公室吵闹，一位负责人事的干部叫住了她："大姐，咱姐妹不错，我有几句贴心话想和你说说。"

这位女员工一落座，就诉起苦来。她始终认为，把她裁到一线是厂长有意整她。等她说完，这位人事干部说："大姐啊，你说厂长整你，我看可能是你多心了。厂里这次精简裁员下岗了三十多人，你们办公室裁了3个人，而你只是被裁到车间，活虽然比以前辛苦点，可是多干多得，这不比在办公室里拿那几个固定工资强？"

她边说边观察那位女员工的变化，看到对方脸上阴沉的表情有所缓解，又接着说："大姐啊，你就为一口气，而要吃劳保可是太不合算呀！咱们已经这个岁数了，再做几年就该退休。假如你现在吃劳保，到退休时工资只能拿70%，那你不亏大了？你想想，咱辛辛苦苦一辈子，就差这么几天就熬不下来了？大姐，你琢磨琢磨，我说得有道理没？"

听到这里，那位女员工脸上露出了笑意。她拉住人事干部激动地说："你算把你的傻大姐给说醒了！人在事中迷，就怕没人提。我倒把这茬儿给忘了。我听你的，明天就到一线！"第二天她就痛痛快快下了车间。

从上面故事中不难看出，想要说服对方，就要知道对方的

"心结"所在。从对方的实际情况着手，有针对性地进行说服。由此可见，要根据不同说服对象的性格使用不同的说服方法。对一些人只需把道理讲清即可，可另外一些人却要从情感着手。同样的内容，要用不同的方式表达。

所以有人就很想不开，明明给他人的是一个很好的意见，却不被他人接受。这就是因为他没分清说服对象，采用同一种说服方法，所以很难顺利达成目标。从下面一个故事里也许可以得到一些启发。

公元 208 年，刘备兵败樊口，无力反击，要与曹军抗衡，必须与孙权联手，于是他派诸葛亮前往江东说服孙权。

孙权手下的谋士大都主张降曹自保，只有鲁肃主张联刘抗曹。诸葛亮到了东吴，鲁肃就明确地向诸葛亮表示，见了孙权之后，一定不能说曹操兵多将广。诸葛亮没有直接承诺会像鲁肃所说的那样来应对孙权，只是说他自会随机应变。

当孙权向诸葛亮问曹操兵力如何时，诸葛亮说："据说曹操屯兵百万，可实际上并不止这个数字。所以，在这个时候，彼此联盟是明智的选择。"孙权很惊讶地问："那为什么兵力比东吴还弱的刘备敢和曹操抗衡呢？"诸葛亮说："我的主公是为了要匡扶大汉江山，所以和曹操一战是必不可少的。这是正义之战，兵力是次要的问题。为了东吴的安全着想，所以劝说你和我的主公联手抗曹。"听了诸葛亮的这番话，孙权也立志要和曹操决一胜负。于是蜀吴两国合力对抗曹操，成就了历史上著名的以少胜多的赤壁之战。

诸葛亮知道孙权虽然年少，缺乏对敌经验，但却不是简单的人物。如果把敌方的兵力说弱了，或许他就不会与刘备联盟了，所以反而以强调敌人的强大，激起他的斗志。由诸葛亮游说孙权的例子中可以证明，诸葛亮说服他人"看人说话，说话因人而异"是成功的。

社会交际中，难免会遇到与自己相悖的人。在说服之前要有备而来，不同的人采用不同的说服方法，这就要求必须具备丰富的知识和经验。所以为了能具备这种说服的才能，就得体会各种经验，使自己的见识进一步增加，具体可以考虑以下几个因素：

·不同年龄段和不同的性格：面对年轻人或性格直爽的人，你可以直入话题，要多用正话反说的方式；面对中年人或面对谨小慎微的人，应慢言细语、陈述利害，以供他们思考、斟酌；面对生性多疑的人，切忌时时表决心，而应不动声色，由他自己消除疑惑；面对老年人，应采用商量的方式，以示对他们的尊重。

·不同的工作性质和兴趣爱好：如果从被说服者从事的职业或不同的兴趣着手，运用对方所熟知的专业或感兴趣的话题打开局面，对方对你的信任程度就会加深。每个人对别人提起自己擅长的领域都会产生好感，说服工作便能事半功倍。

·不同的文化修养：面对文化程度较低的人，要用通俗易懂的语言，简明扼要地说明道理，多使用具体的事例和数字；面对文化修养较高的人，要多用书面语言和抽象的哲学说理。

总之，说服别人必须要看对象、看场合，针对不同的人采用不同的说服方法也是我们要掌握的说服他人的技巧之一。

说服他人要以理服人

【核心提示】说服不等同于压服，而是让人心服。想要达到这样的目的，自然先要将道理摆出来，做到以理服人。

【理论指导】

想要说服别人，最好的方法是针对具体问题，摆事实、讲道理，以理服人。如果靠一味地说教是难以奏效的。

自古以来，"动之以情，晓之以理"是劝导说服别人的最基本的两条原则。以理服人就要以事实为根据，阐明其中的道理，让对方从你讲的道理中认识到其正确性，从而接受你的观点，按照这种观点行事。

但要注意的是讲道理要针对要害，否则，喋喋不休，磨破嘴皮，也是隔靴搔痒，不能解决问题。因为，但凡处在被说服者的位置，往往是因为对某一问题有心结，想不开。所以，劝导说理一定要具体实在，既不能说空话、套话、大话，东拉西扯，也不能像做报告那样滔滔不绝，重点是实在的论证说理。

有这么一个故事：

春秋时期，鲁国人公输盘为楚国造了攻城的机械——云梯，楚国准备借用它来攻打宋国。墨子听说这个消息后，就立即从鲁国动身，一连走了十天十夜，方才赶到楚国，拜会公输盘。

公输盘很客气地问："先生不远千里而来，有何见教？"

墨子故意说："北方有人侮辱我，我想借助您的力量杀了他。事成之后，我送您二百两黄金。"

公输盘听了以后很不高兴，断然拒绝道："岂有此理！我是讲仁义的，怎么能随便杀人呢？"

墨子因公输盘还自称是讲仁义的，便反驳他说："请允许我向您进言。我从北方听说您造了云梯，要拿去攻打宋国，可是宋国有什么罪呢？楚国多的是土地，缺少的是人。发动战争来杀害自己所缺少的人，而争夺自己已经足够了的土地，不能算是聪明；宋国没有罪，却要去攻打它，不能算是仁爱；懂得这个道理，却不据理力争，不能算是忠诚；争论达不到目的，不能算是坚强。杀一个人认为不义，却去杀许多人，恐怕也不能算会类推事理。"

墨子从不智、不仁、不忠、不义等方面发出一连串具有针对性的词语，气势逼人，公输盘无从辩解，只得承认自己错了。

由此可见，以理服人，不但可以让人心悦诚服，还可以修身齐家治国平天下。给人以一片真心，那么对方就会回你一腔真诚，正所谓"投桃报李"。俗话说：势服人，心不然。理服人，方无言。如果用权势和武力去驱使别人接受你的意见，虽然对方可能会暂时屈服，但也会因此怀恨在心，伺机报复。以理服人，才能够使对方从心里佩服你，进而与你和睦相处。

说服他人时，切忌产生争执，"说"的目的是要达到让对方心服口服的效果。争执产生的基础是把个人成见当作说服依据，人普遍易犯的错误有两个：以己贬人和以己度人。要想以理服人，首先就要摒弃个人喜好，客观地对待对方的观点，按照他的思路分析，找出矛盾，再间接地提出自己的观点就更能以理服人。在整个说服过程中要尽量做到尊重他人，这样你的建议会更容易被他人所接受。

一次，唐代著名谏臣魏徵直言进谏，使唐太宗感到很难堪，太宗不由得对魏徵很是愤恨，回寝宫后，仍愤愤不平地说道："总有一天我要杀了那个乡下佬。"

长孙皇后听后，深感不安，便对太宗说道："曾听说陛下器重魏徵，只是不知其中缘故。今天听起陛下说魏徵直谏的事，此人果然能以大义劝止陛下感情用事，可称得上国家正直之臣！妾与陛下结发为夫妻，承蒙礼遇，情意深重。然而每当说话时还要观察陛下的脸色，不敢轻犯威仪，何况是臣下情疏礼隔呢？触犯龙颜是危险的，因此古时韩非曾说'说难'，东方朔也叹'谈何容易'，都是很有道理的。掌握国家的人以国事为重，听取忠言就会使社会安宁，拒绝忠言就会使政治紊乱。陛下详察其中道理，那么天下就幸运了。"

长孙皇后的话使唐太宗顿时醒悟，以后对魏徵更加器重。魏徵死后，他深感悲痛，亲临魏徵灵堂恸哭，追赠他为司空。

长孙皇后有理有据的劝导，不但化解了唐太宗的怒气，而且也使他最终改变了心意，从而免去了一场悲剧。

以上事例共同说明，以理服人就要出言有据，事实确凿。为此，在实际应用中要注意以下几点：

1. 说理要透彻，举例要恰当

你的观点是否可信，取决于你所说的道理是否可信，你所说的事实是不是符合逻辑。这就需要在说服中针对实际的问题列举一些有说服力的事实，有理有据方能被他人接受。

2. 了解对方观点，不以偏概全

在说服他人前，要对对方所持观点的依据有所了解，客观分析，不主观地全盘否定对方，因势利导、循循善诱是整个说服过程的指导原则。

总之，以理服人，并不是有理就能服人。要别人接受你的"理"才是最重要的，要善于运用一些技巧，用真心打动他人。

先获得对方的好感，再委婉地商量

【核心提示】说服别人能否成功，就要看是不是因为你过于直接的说话方式得罪了对方，让对方感到不快。

【理论指导】

要想在一场谈话中开个好头，先获得对方的好感，趁对方心神愉快时提出自己的观点，相信对方更容易接受。但如果你较为直接地提出自己的观点，纵然出发点是好的，也难免会激起对方逆反的情绪，甚至导致适得其反的结果。

广告设计师魏明为客户做了一个方案，连续改了几次，客户还不是很满意，魏明也很不耐烦，说什么也不想改了。老板让魏明的好朋友黄雨去说服魏明再修改方案。黄雨开始也不知道怎么说才算好，后来他想了一下，就去对魏明说："最近你搞的方案应该是不错的，比较漂亮，老板看了也说好。不过，有个问题想跟你探讨一下，就是内容上可以再精确一些。我帮你一起搞怎么样？"

黄雨说话先扬后抑，语气婉转，听不出有什么批评的意思，魏明自然容易接受，事情也就顺利解决了。显而易见，人都容易先入为主，前面赞扬的话让他很受用，后面的意见听起来就是好意，对方自然就听得进了。所以无论在对朋友说话还是说服别人时，都应该以礼相待，注意说话时的语气口吻，像"不过""当然""如果""可能""能否"这些委婉的词语应该多多使用，双方就容易沟通和交流。

说服一个人是否能顺利成功，很大程度上取决于说服时采用的态度和方式。没有哪个人喜欢被别人指手画脚，如果一味地讲道理或再三强调自己的看法，不难发现，除了别人的厌恶和不满之外，将一无所获。虽然古话说"良药苦口利于病，忠言逆耳利用行"，假如良药不再苦口，效果会更好。

一个 13 岁的男孩辍学了，整天无所事事，打着"自己养活自己"的幌子，离家出走找工作，几夜未归，结果工作没找到，自己没能养好自己，反倒参加了一次打群架。母亲望着一身野气、又瘦又脏的孩子，痛楚了几天的心更加痛楚。疼、气、爱、恨以及对未来的忧虑，使她一下不知从何说起。顿了一下，她说："妈妈心里明白，你出去是为了找工作，为了给自己、给父母争气，也为了减轻妈妈的负担，让妈妈看到你成人而高兴。你能这么懂事，体谅大人，我很高兴。但是……"看到儿子羞愧地低下了头，妈妈又转了话锋，"不管怎样，你已经知道怎样对自己负责了，妈妈相信你以后不会做出对自己前途没好处的事。"

这位母亲没有吵嚷、打骂，而是先给予孩子肯定，再委婉地提出自己的意愿。由此可以看出，好的谈话者常能够从对方的心中找出容易接纳自己的点，从而缩短与对方的距离，获得对方的好感。

如果在说服中一定要说一些对方不容易接受的话，比如明确指出对方的缺点错误或改变对方的观点时，首先要考虑到对方能否接受。如果一开口就直指问题，对方肯定会有抵触情绪，这时候，绕个弯子说问题就显得很有必要了，先讲一些对方爱听的话，或者赞扬对方一番，然后再转入正题，就能达到想要的效果。

当然为了获得对方的好感并不是无原则地一味讨好、迁就对方，而是指在坚持原则的前提下，更好地把握说服的分寸和方式。生活中，每个人都是平等的，想得到最佳的说服效果，不妨在说服前，先做好一层甜蜜融洽的铺垫，让对方在欢愉中接受和肯定。

寻找对方感兴趣的话题或是满足对方情感方面的某种需要，就能赢得对方的好感，再适时地提出自己的观点，这是使得说服取得圆满成功的一条捷径：

1. 寻求与对方保持一致

当你试图说服对方时，如果你越是使自己等同于他，就越具有说服力。因为你和他的相似度越高，他就越认同你，当成自己人。你的言行在他看来，就代表着他的需求，对你的好感多过于排斥，这时你再委婉地提出自己的想法，对方就比较容易接受。

2. 创造友好的谈话气氛，与对方推心置腹

努力创造一种热情友好、轻松愉快的谈话气氛，从而消除对方的猜疑、警惕、排斥心理，这对后面说服工作的达成起很大作用。在说服对方的过程中，能否让对方感受到被尊重，不仅会影响到对方的心态、情绪，而且会影响到说服的效果。对方如果觉得自己在谈话中受到尊重，往往会变得更友好和热情。相反，如果对方的自尊心受到伤害，他常常会变得冷淡、消极、不服气或恼怒，甚至会反唇相讥以示愤怒，个别气量狭小者还有可能不顾一切后果图谋报复。

总而言之，在应用这种说服策略时，最关键的一点就是在

给予别人认可和称赞以获得对方好感时，一定要真诚，千万不要敷衍了事，这样会引起对方的反感，从而无法达到想要的结果。

从对方最得意的事情上寻找突破口

【核心提示】从对方得意的事情说起，顺着对方的心意，不可逆犯对方的忌讳和尊严。不然，不但达不到目的，反而会使自己处于尴尬的局面。

【理论指导】

要想赢得对方的好感和认同，达到说服效果的最佳突破，就得从对方感兴趣的事入手。谈对方感兴趣的事，对方一定是很乐意的。而且可以因此把两个人情感上的距离拉近许多，这是打破僵局、说服别人的捷径。

每个人都希望别人认可自己，喜欢得到别人的重视和关心。如果在谈话时你能巧妙地谈到对方得意的事情，他肯定会对你有好感，甚至视你为知己。因此，无论是与朋友还是客户交谈，多谈一谈对方的得意之事，这样容易赢得对方的赞同。如果恰到好处，他肯定会高兴，并对你心存好感。

杨先生是一位公司经理，身高一米八，英俊帅气。由于业务关系，他经常与台湾商人打交道。

有一次，在一个知名的展览会上他遇到了一位女台商。杨先生马上走过去，和她热情地打招呼，交换名片。拿过来一看，她叫林静玉，便立刻说道："林小姐，你这名字起得好。"

女台商问他："我的名字有什么好？"

杨先生说："你看，林静玉，跟林黛玉就差一个字，比她还文静，其实你长得也像你们台湾的一位电影明星。"

女台商兴趣大增，接着问："我像谁？"

杨先生认真地回答："特别像林青霞。"

"哎呀，还真有不少人说我像林青霞呢。"女台商高兴地接受了杨先生的判断。

这时，杨先生说出了聪明才智的一句话："你们林家怎么尽出美女呀！"

听后，林静玉咯咯地笑个不停。后来，他们成了好朋友，彼此成功地合作了许多项目。

从上面的故事中我们不难看出，适时地从别人最开心的事情谈起，引起对方的荣耀感，杨先生不但成功取得业务上的拓展，还因此得到了一份友谊。事实上，每个人潜意识里都会有一种虚荣心，都愿意被人夸赞，这样的说服方式是很容易让对方接受的。

每个人都有一些自己认为值得纪念的事。如果能预先打听清楚，在有意无意之间，很自然地讲到他得意的事情，只要他对你没有厌恶的情绪，只要他没有其他不如意的事情，在情绪正常的情况下，他一定会高兴地听你说的，当然此时说服他就容易得多了。

因此，在说服别人的时候，你可以先了解对方特别的爱好或是开心的事情，在关键的时刻提一提，让对方知道你对他的关注和重视。这样，你在展开说服的时候，才不会遭到抗拒。

比如，一个人给你看了他小孩的相片，你就要顺势夸夸他的小孩。反之，你没有任何表达地放回原处，对方肯定会不高兴；如果有人升职了，第二天见到他，用最新的头衔称呼他，再夸赞一下他的能力，以及拿自己或别人的现状做对比，对方一定乐于笑纳。

你在说服的时候当然要注意技巧，表示敬佩，但不要过分推崇，否则会引起他的不安。

不过对方得意的事情要从哪里去探听，那当然要另谋途径，试着在你的朋友之中找一下有否与对方交往的人，如果有，向他探听当然是最容易的。如能留心报纸上的新闻或其他刊物，平日记牢关于对方的情况，到时便可以应用。

此外，随时留心交际场合中的谈话，像这些时候谈到对方得意的事情，也是很平常的。但是必须注意，对方得意的事情，是否曾遭到某种打击而消灭，如有这种情形，千万别再提起，以免引起对方不快，反而对你不利。

不过当你提出请求时，第一，要看时机是否成熟；第二，说服过程中要不卑不亢。过分显出哀求的神情，反而会引发对方藐视你的心理。尽管你的心里十分着急，但说话表情还是要大方自然。

总之，说服别人并不难，关键在于怎样让对方接受你。抓住时机，适时切入对方爱听的话，自然让对方心花怒放，不会再刻意保持距离。

抓住说服时机是关键

【核心提示】 时机对于说服者来说非常重要，你必须知道对方当时处于何种精神状态。

【理论指导】

俗话说："趁热打铁。"说服他人也是这个道理。一个人说话的内容无论多么有哲理，若时机掌握不好，也无法达到说服的目的。因为对方的想法和观点往往会随着时间的变化而变化。

如果想让对方愿意听你的话或者接受你的观点，就应当选择恰当的时机把道理讲给他听。抓住了最佳时机，一语值千金，事半功倍；反之，你说再多也无用。正如一个运动员，如果他在大赛中没有把握住那"决定性的瞬间"，即使平时训练成绩有多好，动作有多标准，金牌仍会与他失之交臂。

秦始皇去世后，丞相李斯受赵高的蛊惑，和赵高一起假造圣旨，害死了公子扶苏，把胡亥推上了皇位，也就是秦二世。胡亥继位后，赵高日益受到宠信，地位不断升高。但李斯身处丞相之职，赵高觉得他对自己的地位构成了威胁，便想寻找机会除掉李斯。

秦二世执政十分荒唐,整日沉迷淫乐,不理政事。李斯身为丞相,觉得应该劝谏一下,但是,由于胡亥不理朝政,李斯根本找不到机会。于是,李斯找到赵高,想让他想办法。赵高一口答应了下来。

时隔不久,赵高就告诉李斯,说皇上在某某宫,你可以去找他。李斯谢过赵高,找到了秦二世。当时秦二世正在和嫔妃、宫女玩乐,看见李斯来很扫兴,大怒,呵斥他下去。从此,李斯彻底被冷落。

其实,这正是赵高的奸计。他有意在胡亥玩得正开心的时候让李斯去进谏,说一些让胡亥不高兴的话,胡亥能不恨李斯吗?

说服他人能否成功,是受多种因素制约的。其中,能否抓住说服的最佳时机,是至关重要的,你应该把握时机并努力抓住它。

明熹宗长年不上朝,不接见大臣,除了声色犬马之外,他还有一个特殊的嗜好,就是做木工活。他曾经亲自用大木桶、铜缸之类的容器,凿孔、装上机关,做成喷泉,还制成了各种精巧的楼台亭阁,亲自动手上漆彩绘,并常年乐此不疲。

魏忠贤便利用了这一点,每当明熹宗专心制作时,他便在一旁不住口地喝彩、夸奖:"老天爷赐给万岁爷如此聪明的大脑,凡人哪能做得到啊!"皇帝听了更得意了。就在这种时刻,魏忠贤便以朝中之事向他启奏,皇上心里听着好话,手里忙活着喜欢的工作,哪有心思管朝中事务呢?每当这时,他便不耐烦地挥挥手说："我已经知道了，你自己看着办吧，别再烦我。"魏忠贤就这样把大权抓在了手中。

反之，如果时机掌握不好，不但会影响进言效果，而且还会影响到自己在对方心中的印象，好事也会因此办砸。

因此，在说服他人的时候，不是时候，不到时机，有些话是不能说的。说了，反而会带来不必要的麻烦。也就是说，要把握说服的时机。

在说服对方的过程中，正确把握说服时机，即对方情绪比较亢奋的时候。当对方不高兴的时候不要开口，可以等他心情好的时候再谈。只有这样，才能达到更好的说服效果。

一般来说，要想说服他人，要把握好以下几个方面：

1.把握好"生物时间"

从心理学观点来看，每个人的情绪都可能受到一种所谓的"生物时间"的支配，每当黄昏时分，人的精神就比较脆弱，容易被说服。

一般说来，女性较男性更为情绪化，当受了"生物时间"不协调的影响时，也较男性更易陷于不安和伤感。也会有一些人因劳累、遇到不顺心的事或正在把注意力集中在其他事情上时，没有心情来听你说话。所以，在开口说话之前，应先观察对方的脸色和当时所处的氛围，然后再决定是否要开口或应该讲什么内容。

2.要了解被说服对象的习惯和性格

在开口之前要对被说服对象有所了解，包括对方的生活习惯和性格。按照对方的习惯和情绪考虑自己开口的时机，如果事先对这些不做了解，触到对方忌讳或碰到对方情绪不好的时候，不但达不到要说服的效果，而且会因此引起对方的不快。就如上面故事里的李斯丞相虽是抱着尽忠的心，却最终被秦二世所冷落和排斥，得不偿失。

3. 对于初次拜访的人应视会面的具体情况考虑说服时机

在与对方会面时，应善于观察，从会面场合的摆设或环境开口，以求了解对方喜好或对方当时的心情以及是否空暇等等基本情况。再从这些反馈中决定是否开口说服。换而言之，如果从旁敲侧击中得出对方对自己所持的想法或目的暂时没兴趣的话，就要给彼此留下再会面的余地，以寻求再次说服的机会。

虽然以上几方面并不是任何时候都能正确评估听众的心理状态，但如果了解了说服最有利的条件，并在可能的时候把握好陈述的时机，对你的说服会有所帮助。

第六章

拒绝的艺术：

不会拒绝，你就输定了

先发制人，堵住对方的嘴

【核心提示】对于有经验的人来说，在知道别人将要说一些对自己不利的话，或让你办一些你不想办的事情时，不妨抢先开口，从其他不相关的话题开始，坚决不给对方提出请求的机会，利用这种明确的暗示，让对方识趣地把要求堵在嘴里，从而达到拒绝的目的。

【理论指导】

当别人向你提出邀请或其他请求时，总是希望能够被顺利接受。一旦话说出来，你再直接拒绝，对方会认为你"不给面子"，因而对你产生不满的情绪。

面对这一情形，以守为攻、先发制人是拒绝别人的一个上策。在对方尚未张口前已猜到对方的意思时，你先表达自己在这方面有所不便，以堵住对方之口。因为对方并未明说他的意愿，所以这种拒绝不至双方难堪或尴尬。

请看下面一则事例：

小张负责某项目的招投标工作，小张的一位朋友来到小张家，这位朋友正有意参加相关工程投标。

小张明知其意，于是灵机一动，在朋友刚一进家门还来不及开口时，就立刻说："你看，你好不容易来玩一玩，我都没有空陪你，最近实在太忙了，连吃饭的时间都抽不出。"对方一听这话，赶紧搪塞几句，再也不好意思开口相请。

由此看来，运用先发制人这一招，重在掌握"先"机，自己已经深知对方将要说的话或事情，就应抢先开口，把对方的意思提前封锁在开口之前。这样就能牢牢掌握主动权，达到巧妙拒绝对方的目的。

再比如，接到一个经常找你帮忙的朋友的电话，如果他一开口便问你："最近忙不忙？"如果此时回答"不忙"或"还好"，那么他的下一句自然就会转到正题上来。于是此时你可以这样回答："忙啊！最近忙得连休息的时间都没有了，每天加班到凌晨，快累垮了。"

听你这么一说，对方自然清楚你是帮不上忙了。而且因为你采取的是提前声明的方法，所以根本不存在拒绝一说，对自己、对对方来说，都不会存在面子过不去的问题。

总之，当你无法满足别人的请求，而又不能或无须找任何借口时，就用"先发制人"的方式，堵住对方请你帮忙的话，这样以来，你也就不用为如何拒绝而苦恼了。

说"不"是一门学问

【核心提示】当我们想拒绝别人时，心里总是想："不，不行，不能这样做，不能答应！"可是，嘴上却含糊不清地说："这个……好吧……可是……"这种口不应心的做法，一方面是怕得罪人；另一方面，过于直率地拒绝也不利于待人接物。

【理论指导】

在生活中，张口拒绝别人是一件很棘手的事情。面对别人的请求，大都担心拒绝对方会使其感情受到伤害而迟迟不愿张口。但不拒绝又会使自己处于两难境地，对方提出的事情或者相对于自己有难度，又或者会因此造成自己不小的损失。

相信许多人都会因此而苦恼不已。怎么能让自己的措辞既能清晰地表达意思，又不会伤及他人的情感和自尊，甚至即使在拒绝他人时都能让对方愉悦地接受，这也是一门学问。

三国时期的华歆在孙权手下时，名声很大。曹操知道后，便请皇帝下诏召华歆觐见。华歆启程的时候，亲朋好友千余人前来相送，赠送了他几百两黄金和礼物。华歆不想接受这些礼物，但是如果当面谢绝肯定会使朋友们扫兴，伤害朋友之间的感情。于是他便暂时来者不拒，将礼物统统收下来，并在所收的礼物上偷偷记下送礼人的名字，以备原物奉还。

华歆设宴款待众多亲友，酒宴即将结束的时候，华歆站起来对朋友们说："我本来不想拒绝各位的好意，却没想到收到这么多的礼物。但是，匹夫无罪，怀璧其罪。想我坐车远行，有这么多贵重之物在身，诸位想想我是否有点太危险了呢？"朋友们听出了华歆的意思，知道他不想收受礼物，又不好明说，使大家都没面子。他们内心对华歆的敬意油然而生，便各自取回了自己的东西。

华歆在拒绝朋友时，并没有直言拒绝，而是找了一个这些物品会造成自己人身安全的困扰的理由。纵然大家很清楚他故意推辞，却不会以此为意，因为他给了大家收回礼物台阶——那是朋友出于对他的爱护才收回去的。这样一来，既不伤害彼此间的感情，还让众人无言可辩、心悦诚服。

华歆短短几句话，给了我们一个启示：在拒绝别人的时候应该注意维护对方的颜面，让对方非常体面地接受拒绝，对方不但不会忌恨或尴尬，还会因此对自己更加信服。因此，当他人的请求你无能为力时，就要学会说"不"。

当你想拒绝别人时，心里总是想："不，不行，不能这样做，不能答应！"可是，嘴上却含糊不清地说："这个……好吧……可是……"这种口不应心的做法，一方面是怕得罪人；另一方面，过于直率地拒绝，也不利于待人接物。其实说"不"也是一门学问。

得体地拒绝下属的不合理要求

【核心提示】领导者对下属说"不"时，既要坚持自己的原则，又应维护下属的自尊心，激发下属工作的积极性，充分展现自己作为领导的风度。

【理论指导】

对于任何人来说，拒绝别人都是件很棘手的事情，作为上司也一样，对于下属所提出的无理要求如果给予直接拒绝，恐怕会伤害下属的自尊心，并且从另一个方面来看，过于直率地拒绝，也不利于自己待人接物。

有这样一个笑话。一位员工经常请假，领导很不高兴。一次这位员工又向领导请假，领导对员工说："你想请一天假？看看你在向公司要求什么：一年里有365天你可以工作。一年52个星期，你已经每星期休息2天，一共104天，剩下261天工作。你每天有16小时不在工作，去掉174天，剩下87天。每天你至少花30分钟时间上网，加起来每年23天，剩下64天。每天午饭时间你花掉1小时，又用掉46天，还有18天。通常你每年请2天病假，这样你的工作时间只有16天。每年有5个节假日公司休息不上班，你只干11天。每年公司还慷慨地给你10天假期，算下来你就工作1天，而你还要请这一天假！"

当然这只是一个笑话罢了，但该领导拒绝他人的思路却是非常值得我们借鉴的。身为领导，一方面你要对下属的合理要求给予满足，使他们认识到你总是尽量地在帮助他们，应该办的事情都会给他们办；另一方面，对于某些下属所提出的不合理要求，你要在坚持原则的情况下，在委婉地提出不能办的各种原因之后，巧妙地劝阻他们不要得陇望蜀。

也就是说，领导者对下属说"不"时，既要坚持自己的原则，又应维护下属的自尊心，激发下属工作的积极性，充分展现自己作为领导的风度。

怎样拒绝领导又不会让其生气

【核心提示】当领导提出一件让你难以做到的事时，如果你直言答复做不到，可能会有损领导颜面，这时，不妨说出一件与此类似的事情，让领导自觉问题的难度而自动放弃这个要求。

【理论指导】

在生活中，常常会被领导安排做一些事情，但有些事情你无法胜任或不合常理，这时你不得不拒绝领导，但又怕直接回绝令领导生气，给自己的职场前途带来障碍。此时，你应该怎么办呢？

当然，拒绝领导是要讲究方法的，否则会影响你的前程，但如果你能采取一些巧妙而又行之有效的拒绝方法，领导就会谅解你。

1. 设法尽全力迫使领导自动放弃

当领导提出某种要求而你又无法满足时，设法造成你已尽全力的错觉，让领导自动放弃自己的要求，是一种好方法。

比如，当领导提出无法满足的要求后，你可以先答复："您的意见我懂了，请放心，我保证全力以赴去做。"过几天，你及时主动向领导汇报："这几天王经理因有急事出差，等下星期回来我再去找他。"又过几天，再告诉领导："您的要求我已转告王经理了，他答应在公司董事会上认真讨论。"尽管事情最后不了了之，但你也会给领导留下好印象，因为你已尽力而为，领导也就不会怪罪于你了。

一般情况下，人们总是念念不忘自己提出的要求，但如果长时间得不到回音，就会认为对方不重视自己的问题。所以，即使不能满足领导的要求，只要能做出些样子，对方就不会抱怨，甚至会对你心存感激，主动撤回让你为难的要求。

2. 依靠群体的力量

领导要求你做某一件事时，其实你很想拒绝，可是又说不出口，这时候，你不妨拜托其他两位同事和你一起到领导那里去，这并非所谓的三人战术，而是依据群体替你做掩护来说"不"。

你们可以先商量好谁是赞成的那一方，谁是反对的那一方，然后在领导面前争论。等到争论一会儿后，你再出面委婉地说"原来如此，那可能太牵强了"，而转向反对的那一方。这样一来，你可以不必直接向领导说"不"，就能表明自己的态度。

这种方法会给领导"你们是经过激烈讨论后，绞尽脑汁才下的结论"的印象，而所有的人都不会有哪一方受到伤害的感觉，从而领导会很自然地自动放弃对你的要求或命令。

3. 思考后再决定

领导要求你做事时，你要认真思考：这件事自己能否胜任？是否违背自己的良心？然后再做决定。如果只是为了一时的面子，把无法做到的事答应下来，那就是"心太软"。即使这位领导平时很关照你，当他托你办事时，若觉得实在无法做到，就应该很明确地表明态度并向他说声对不起。否则，不仅事情没办成，还会因此得罪领导。

当然，拒绝领导的方法有许多，一定要看好时机，用最自然的形式将你的本意暗示出来。不要惧怕，只要方法得当，和领导也能有商量。

借用他人巧妙说"不"

【核心提示】有的时候，你根本不用绞尽脑汁去想那些拐弯抹角的拒绝方式，就能把"不"字直接说出口。

【理论指导】

有的时候，你根本不用绞尽脑汁去想那些拐弯抹角的拒绝方式，就能把"不"字直接说出口。

某造纸厂的推销员小赵到一个大学推销纸张，推销员找到他熟悉的这个大学的总务处长，恳求他订货。总务处长彬彬有礼地说："实在对不起，我们学校已同某国营造纸厂签了长期购买合同，学校规定再不向其他任何单位购买纸张了，我也应按照规定办。"

这里的"拒绝"表面看来并不是总务处长的意思，因为他把责任已经全部推到"学校"那里，学校的规定，谁也无法反抗，事情就这么简单。借别人的意思表示拒绝。这种方法看似推卸责任，却很容易被人理解：既然爱莫能助，也就不便勉强。

如果有人求你办事，假如你是领导成员之一，你可以说："这件事我一人说了不算，毕竟我们单位是集体领导，像刚才的事，需要大家讨论才能决定。但是这件事恐怕很难通过，最好还是别抱什么希望，如果你实在要坚持的话，也要等大家讨论后再说。"这样一来，就把矛盾引向了另外的地方，意思是说，不是我不想给你办，而是我决定不了。请托者听到这样的话，一般都会明白。

一个年轻的业务员经常与客户在酒桌上打交道，长此以往，他觉得自己的身体每况愈下，实在不能再像以前那样喝太多酒了。可应酬中又免不了要喝酒，怎么办呢？后来他想到一个办法。每当客户劝他多喝点的时候，他便笑着说："诸位可能不知道，我家里那位可是一个母老虎，我这酒气熏天地回去，万一她河东狮吼起来，我还不得跪搓衣板啊？"

业务员这么一说，客户觉得他既诚恳又可爱，自然就不再多劝了。

借用他人拒绝，你也可以虚构一个"后台领导"，把自己的意愿都归到他身上，适当地弱化自己的地位，表现出一种对决策的无权控制，从而全身而退，拒绝的效果立竿见影，对方也无法进一步提要求。

需要提醒的是，利用别人的意思来拒绝也要注意使用方式。最好对方不认识你说的这个人，你借用的这个人跟你的关系又很密切，这样才能把拒绝做好。

因此，借用别人相拒时，最好是用来拒绝陌生人或者不是很熟悉的人，比如某个推销员或者刚认识的一个还不清楚底细的朋友。但如果是很熟悉的朋友你也借别人的嘴巴来拒绝，让朋友知道了，会觉得你不够真诚，从而对你的形象大打折扣。

拒绝要选择适当的时机和场合

【核心提示】拒绝一定要有充分的理由，还要注意适当的时机和场合。

【理论指导】

现实生活中，如果是朋友请你帮忙，你在拒绝时，除了要有充分的理由之外，还必须注意拒绝的时机和场合。从时机来说，拒绝要趁早，切忌不可一味拖延。

小姗逛街时，偶遇一位大姐，对方是小姗从前的邻居，大姐拉着小姗的手问长问短，然后像发现了新大陆似的，指着她的脸说："年纪轻轻的，可不能光为了赚钱，忽略了对皮肤的保养。看你啊，眼角都有皱纹了，皮肤也没有光泽……"

大姐的一番话，让小姗感觉脸上火烧火燎的，恨不能一头扎进美容院，来个脱胎换骨。这时，大姐变魔术似的拿出一沓资料，笑眯眯地说："不如试试这个产品，效果特别好，现在搞活动，价格也优惠不少呢！"

再看看递过来的名片，小姗明白过来，原来这位大姐在搞化妆品推销。小姗本来对这些东西没兴趣，但碍于老邻居的面子，只好接过来，说要拿回去好好看看。

回到家，小姗把资料扔到一边，根本没放在心上。不料，第二天，这位大姐竟拿着两张碟片找到小姗的公司，小姗只好硬着头皮接下来。又过了几天，大姐再次打来电话问："怎么样，选好了吗？"

说实话，小姗根本没时间看碟片，花几千元买套化妆品，她的经济实力也负担不起。后来，她挨不过大姐的催促，只好说："不好意思，我决定暂时不买。"结果这位大姐第二天就一脸阴沉地过来把碟片拿走了，好像小姗欠了她一大笔钱似的。

通常而言，拒绝的时间，一般是早拒比晚拒好，因为及早拒绝，可以让对方抓住时机争取别的出路。无目的的拖延，则是一种不负责任的态度。

小姗在这件事上考虑到面子，没有及时拒绝，但后来却影响了自己与老邻居的关系。所以，在向熟人表示拒绝时一定要趁早。一味拖延，反而使事情更糟，对方觉得你连最基本的礼节都不懂。

很多人在拒绝对方的时候，因为感到不好意思，而不据实言明，支支吾吾，这样会使对方摸不清自己的真正意思，而产生许多不必要的误会。其实，在人际交往中，不得不拒绝，是常有的事情，因此搞坏交情的并不多；倒是有些人说话语意暧昧、模棱两可，容易引起对方误会，甚至导致关系破裂。

当然，不管你怎样"委婉"地及早拒绝，对方遭到拒绝总归是不愉快的。怎样才能使对方的这种不愉快降到最低限度，或者反而使双方的关系更进一步呢？这就要求你的态度要诚恳，不要在公共场合当着其他人的面拒绝人。

拒绝他人的时候，一定要考虑周全，让对方不过于难堪。切不可不管不顾，在众人的面前直接拒绝对方的好意，这样会使对方伤得很深。尤其是拒绝熟人时，从时间来说最好趁早，从场合上来说，最好没有第三人在场，这样可以顾及被拒绝人的颜面和自尊，将伤害降到最低。

记住，拒绝是你的权利

【核心提示】如果面对别人的不合理要求，明明自己做不到，却又违心地答应，这样只能既造成了对方的困扰，又失去了别人对你的信任。所以，说"不"没什么开不了口的，只要站得住立场，就请勇敢地向别人说"不"吧。

【理论指导】

对于大多数人来说，说"不"是一件十分棘手的事。配偶、朋友、孩子、老板、同事总有可能向你提出一些要求或请你帮忙。但是如果有些事情超出了你的能力范围，而你却碍于脸面，硬着头皮答应了下来，但是为难的却是你。其实，你完全有权利对别人说"不"。

拒绝别人不是一件什么罪大恶极的事情，也不要把说"不"当成是要与人决裂。是否把"不"说出口，应该是在衡量了自己的能力之后，做出的明确回应。虽然说"不"难免会让对方生气，但与其答应了对方却做不到，还不如表明自己拒绝的原因，相信对方也会体谅你。

雪莉·茜是好莱坞第一位主持一家大制片公司的女士，她在30岁就当上了著名电影公司董事长。为什么她有如此能耐呢？主要原因是，她言出必践，办事果断，懂得拒绝。

好莱坞经理人欧文·保罗·拉札谈到雪莉时，认为与她一起工作过的人，都非常敬佩她。欧文说，每当她请雪莉看一个电影脚本时，她总是立即就看，很快就给答复。不像其他的一些领导，如果给他看个脚本，即便不喜欢，也不表明态度，根本就不回话，而让你傻等。但是雪莉看了给她送去的脚本，都会有一个明确的回答，即使是她说"不"的时候，也还是把你当成朋友来对待。这么多年以来，好莱坞作家最喜欢的人就是她。

通常情况下，如果是遇到一些不好办的事情，很多人总是以沉默来回答，事实上这种不明朗的拖延并不好，让对方感觉不到诚意。其实学会委婉的拒绝同样可以赢得周围人对你的尊敬。

如果面对别人的不合理要求，明明知道自己做不到，却又违心地答应，这样只能既造成对方的困扰，又失去别人对你的信任。所以，说"不"没什么开不了口的，只要站得住立场，就请勇敢地向别人说"不"吧。

拒绝他人要委婉含蓄

【核心提示】我们不能避免拒绝，但却可以在拒绝时采取委婉含蓄的方法，最大限度地避免因为拒绝而四面树敌。

【理论指导】

如果某人向你提出要求，是不符合原则的，该拒绝的一定要拒绝。同时要注意说话方式，讲究灵活性，很重要的一点是委婉含蓄。

其实，有时我们拒绝的人之所以与我们反目成仇，并非完全是因为我们拒绝了他，更多的是因为拒绝他的语言和方式伤害了他。

张飞在辅佐刘备前，曾经卖过肉。有一次，一位朋友向他打听他从东北进的猪肉的价格。这是商业机密，张飞当然不想告诉朋友，但又不想得罪朋友。

于是，张飞神秘地向四周看了看，压低声音问道："你能保密吗？""当然能。""那么"，张飞微笑地看着他，"我也能。"

张飞采用的是委婉含蓄的拒绝方式，其语言具有轻松幽默的情趣，这让他在朋友面前既坚持了不能泄露的原则立场，又没有使朋友陷入难堪，取得了极好的语言交际效果。相反，如果张飞表情严肃、义正词严地加以拒绝，甚至心怀疑虑，认真询问对方为什么打听这个、有什么目的、是不是也想做卖肉的生意……岂不是小题大做，大煞风景。

我们不能避免拒绝，但却可以在拒绝时采取委婉含蓄的方法，最大限度地避免因为拒绝而尴尬或者四面树敌。巧妙地拒绝违反原则的请求，很重要的一点是委婉含蓄，切忌太过直白。

在人际交往中，如果你的朋友提出的要求违反了你的处世原则时，这时你既没必要给予他强烈的批评，也没必要直接回绝他。最好的方法就是让对方知难而退，这样既不伤朋友间的和气，也不违反自己的为人处世原则。

有人想让庄子去做官，庄子不想做官，但他并未直接拒绝，而是打了一个比方，说："你看到太庙里被当作供品的牛马吗？当它尚未被宰杀时，披着华丽的布料，吃着最好的饲料，确实很风光，但一到了太庙，被宰杀成为牲品，再想自由自在地活着，可能吗？"这里，庄子虽没有正面回答，但一个很贴切的比喻已经含蓄地表示了，让他去做官是不可能的。

办任何事都有一个原则问题，不符合原则、违反规定的事情坚决不能办。如果朋友向你提出要求是违背原则的，那么你就不能答应，这叫坚持原则。聪明的人都不会为保持一团和气而丧失立场，该拒绝的时候一定要坚决拒绝。但要根据具体情况，采取灵活的策略。

第七章

销售攻心术：买卖不成话不到，
话语一到卖三俏

四种有效的开场白

【核心提示】在销售中过程中，客户听第一句话要比听后面的话认真得多。听完第一句话，许多客户就会决定是打发销售人员走还是继续谈下去。因此，销售人员要尽快吸引顾客的注意力，不替客户做决定，这样才能保证销售顺利进行。

【理论指导】

销售专家戈德曼博士强调："在面对面的销售中，说好第一句话是十分重要的。"因此，打动人心的开场白是关系到销售成功与否的关键。

如何做好开场白对于每一位销售人员来说都是一个不小的挑战。在与客户交谈时，不仅仅是简单地向客户介绍一个产品，而是要先和客户建立起良好的人际关系。

因此，要求销售人员具备掌握有效开场白的语言能力。而建立轻松而且能引起客户兴趣的开场白需要一些技巧。

1.激发客户好奇心和兴趣的开场白

利用开场白，把客户的好奇心和兴趣激发起来，就能吸引准客户的全部注意力。

有一位空调销售人员开口对顾客这样说："老李，您知道世界上最懒的东西是什么吗？"顾客感到迷惑，但也很好奇。

这位空调销售人员继续说，"就是您藏起来不用的钱。它们本来可以购买我们的空调，让您度过一个凉爽的夏天。"

这位销售人员一开口就抓住了老李的好奇心。然后，在解答疑问时，很有技巧地把产品介绍给顾客。这是一种很有效的开场白。

现代心理学表明，好奇是人类行为的基本动机之一。利用顾客不熟悉、不了解、不知道或与众不同的东西，引起他们的注意，可以这样说："我相信你看到我的产品一定非常惊讶！"利用人人皆有的好奇心来引起顾客的注意，销售工作就能因此而展开。

2.巧设疑问，以促销开场

销售人员把客户的利益与自己的利益相结合，那么所提的问题对销售有很大作用。如果在销售伊始，就开始向客户灌输产品的基本情况，往往会让客户产生排斥心理。如果以问题开场，反倒不容易被拒绝。人们不太接受冗长、烦琐的陈述，却不会拒绝回答一个简单的问题。

某个家居用品销售人员在做促销活动中，对潜在的顾客从容不迫地问这样的问题："如果我送给您一套我们的'厨房百事通'，您试用过后，发现很方便，您会期待继续使用下去吗？"

"如果在那时候公司给您一定的折扣优惠，您是否会花钱买下来？"

"如果您在试用中没有发现产品与普通产品的不同之处，公司再来取回试用产品，您会同意吗？"

这种开场白利用人们贪小便宜的心理进行推销，很少有人会拒绝可以免费用的东西。而且这种设问的句式使问题简单明了，使客户根本没有说"不"的理由。用赠品作敲门砖，既新鲜，又实用。

3.以赞美和感激作为开场白

在销售中与客户初次见面时，可以用赞美和感激作为开场白。

每个人都喜欢听好听的话，客户也不例外。赞美客户要具体和详细，赞美得越具体就越能让客户感受到你的真诚。如："孙总，你的车子真漂亮""刘总，你的办公室装修得很有品位"等等，能迅速拉近你与客户的距离。

在整个谈话过程中，不管客户为你做了些什么，都要认真地说声"谢谢"，比如："王先生，很荣幸能和你面对面地交谈，并十分感谢你在百忙之中给我几分钟的时间。我会很简要地进行说明。"作为一个销售人员，当你凡事都向人致谢，就会引起客户的自我肯定，这样会让客户更喜欢和尊重你，并对你留下不错的印象。

4.提及第三人的开场白

一个好的开场白，就应该像一个简洁而且吸引人的广告。通常，应当在拜访客户之前就要对客户做个全面了解，并按需求做好准备。如果对客户的需求不是很了解，则可以通过第三人打开销售的局面。

提及第三人的开场白方式，其实算是一种迂回战术。因为每个人都会顾忌到自己各种各样的社会关系，所以大多数人对于朋友、亲戚等介绍过来的销售人员很客气。

这种打着别人的旗号来推介自己的方法很管用。但在实际运用中要确保确有其人、其事。否则，顾客一旦查对起来，就很难再取信于顾客。

总之，无论你使用哪种开场白，都要清晰自己的意图，客户愿意回答你提出的问题，从而使客户愿意和你交流。

提问在销售中的七个作用

【核心提示】提问在销售中所起的作用是十分巨大的，通过提问，你可以充分挖掘客户的需求。如果提得好，不仅有利于接触了解，而且还能激发并引导思路。

【理论指导】

提问在销售中所起的作用是十分巨大的，通过提问，你可以充分挖掘客户的需求。如果提得好，不仅有利于接触了解，而且还能激发并引导思路。提问题通常要在顾客挑选物品之前，使他觉得他自己在自由地、独立地做出决断，这样可以避免顾客的防卫性反应。

具体来说，提问在销售中的作用主要表现在以下几个方面：

1. 利用提问引起客户的注意

被客户拒绝最根本的原因在于你没有引起客户足够的兴趣，之所以采用提问激发购买兴趣，是因为提问给了客户足够的想象空间，让客户自己感动比你企图让客户感动更有效。例如，一位图书销售人员总是从容不迫、心平气和地向客户提出如下问题："要是我送你一套关于个人效率的书籍，你打开书后发现内容十分有趣，你能读一读吗？""如果读了以后非常喜欢这套书，你会买下吗？""若你没有发现其中的乐趣，你将书籍塞进这个包里给我寄回，行吗？"这位图书销售人员一连串的提问简单明了，使客户几乎找不到说"不"的机会。

2. 利用提问获得自己所需要的信息

通常客户一开始说出的理由不是真正的理由，提问的好处在于你可以挖掘出更多的潜在信息，更加全面地做出正确的判断。而通常当你说出"除此之外"的最后一个提问之后，客户都会沉思一会儿，谨慎地思考之后，说出他为什么要拒绝或购买的真正原因。

3. 利用提问向客户介绍产品

如果销售员一直在说，没有问，给客户的感觉是你在对他进行强迫式推销，一味地施加压力。客户之所以愿意和你谈话，是期望你可以在你擅长的专业方面给出建议。就像医生一样，对现状进行诊断，而诊断的最好方式就是有策略地提问。

在得到客户的相关信息后，一般不要直截了当地向客户介绍自己的产品，你可以利用提问的方式引导客户主动向你探询你的产品，然后再自然地介绍说明产品。

4.利用提问引发客户思考

利用提问的方式可以激发客户进行深入思考，例如："如果这样的问题不及时解决，对贵公司的发展有何影响呢？""为什么这个如此重要呢？"客户的问题被问出来了，让他意识到不购买你的产品，将会无法解决这个问题。

5.利用提问赢得"进攻"的时间

在客户思考的时候，你可以察言观色，从细微之处捕捉客户的心理变化，并及时制定新的销售策略，为下一次销售赢得宝贵的时间。

6.利用提问了解客户的态度

当你非常用心地向客户解释一番之后，迫切希望了解客户听进去了多少、听懂了多少、他的反应如何。一般的销售员通常滔滔不绝说了一大堆之后，就马上停止，没有下文。这个时候客户的表现通常是"好，我知道了，改天再聊吧"或"我考虑一下再说"等。如果你在论述完之后，紧接着提问"您觉得怎么样呢"或"关于这一点，您清楚了吗"，效果会好很多，客户至少不会冷冰冰地拒绝你，提问给了客户阐述他的想法的机会，并借此了解客户的态度。

7.利用提问掌控沟通进程

对话的进程决定了销售的方向。如果你是一个善于提问的人，那么你就能有效掌控沟通进程，使销售一直向自己预想的方向进行。

正确使用促成话语

【核心提示】营销人员在和客户商谈的过程中，销售促成话语不是简简单单拿出真诚与客户进行交涉，机灵的销售人员很会把握客户的心理，明白要根据实际情况进行，不能生搬硬套。知道从哪方面出击更容易打动客户。同时，还要注意看准时机，这样才能真正打动客户，顺利成交。

【理论指导】

在商品经济日益发达的当下，"顾客就是上帝"已成为许多商品生产和经销者的座右铭，而对待"上帝"，不但要和颜悦色，还应客气周到才行。

要想真正得到顾客的认可，应该重视掌握和运用销售语言的技巧。在推销过程中，推销员所说的话及说话的方式、说话的态度对顾客都有很大影响。因此要注意，不论对方说什么，都先予以承认，即使对方说的不是事实，或是他个人的误解，也不必一口加以否定，同时，对于他人的谈话要表现出足够的诚意和礼貌。

尤其是在商谈的促成阶段，更要注意说法一定要委婉，不要过于直接，正确使用促成用语。下面介绍几种常用的促成方式：

1. 二选一的方法

所谓二选一的销售方式，就是通过给客户设定特定的条件，让其从中做出选择，以达到商品成交的目的。比如："你是要这套红色的还是要蓝色的？""你喜欢哪种产品，这种还是那一种？"或"你是全额支付还是按期支付呢？"这种二选一的模式意在控制客户的选择范围，让其没有机会拒绝。在面对两种情况的时候，人的本能会主动选择其中认为较好的一个，而两个都不选择的情况则很少出现。因此，运用这种方式能大大提高促成的概率。

2. 心理暗示

运用心理暗示的方式促成销售应选择在客户的拒绝口气不是很坚决的情况下，其目的在于告诉客户，如果你不选择这种商品，你或许会后悔的，从而提升成交的成功率。

3. 预设成交

在客户犹豫时，越过向客户征求成效意向的环节，直接跳到成效之后，即用跳跃式的话语，确认假定成交后的事宜。

4. 打亲情牌

在某些时候，打亲情牌也不失为一种高明的促成话语。对于谨慎而固执的人，运用这种方式就得想办法为他准备一套理由："你买了这个按摩仪，不但你自己能用，家中其他人也可以用。"比如，一个卖化妆品的销售员正在向一个犹豫不决的女士说："你用了这套化妆品，定会让你显得更年轻。你对你的先生肯定更具吸引力，你的孩子也会为你而骄傲的。"这种促成话语让对方瞬间产生一种购买这种商品是为了全家的幸福快乐着想的高尚感，所以成交的概率大大提升。

5. 激将法

有些人对商谈中的商品基本满意，但又总觉得差点感觉而出现举棋不定的状态。对于这类人，给予适当的刺激，也许会有效果。比如："你不认为这个商品和你很相配么，有的人没有这种眼光，你肯定不会没有这点见识的。"相信，再淡定的人也经不起这么一激。

总之，在使用以上促成话语时，一定要根据实际情况进行，切忌生搬硬套。同时，还要注意看准时机，这样才能真正打动客户，达到顺利成交的目的。

给顾客说话的机会

【核心提示】真正的销售高手，绝不会对顾客滔滔不绝，而是想办法让顾客开口说话。这样，既避免了自己言多必失，也可以从顾客的嘴中得知一些对销售有用的信息。

【理论指导】

现在有许多人，总是喜欢抢先，好像自己先说了，便可以压倒对方或者使对方觉得自己不是一个平凡的人；还有一些人，一开始说话便滔滔不绝，自以为是个长于口才者，殊不知别人早已对他产生了恶劣的印象。

在和客户交流的时候，销售人员一定要给客户说话的机会。

因为你的话不是说给自己听，而是说给顾客听。所以，不能只顾自己说话，而忽视顾客的感受。如果不听顾客的反馈，不给顾客说话的机会，即使你说得再好听也徒劳。

给顾客说话的机会，一方面表示你的谦逊，使别人感到高兴，另一方面可以借此机会，观察对方的语气神色，给你一个思考的机会，这是个两全其美的方法。

一个商店的售货员，拼命地称赞他的货物怎样好，而不给顾客说话的机会，这样很难做成生意。因为顾客对你巧舌如簧、天花乱坠的说话，顶多将其看作生意经。反过来，你只有给顾客说话的机会，使他对货物有询问或批评的机会，双方形成讨论和商谈才有机会做成生意。

世界著名记者麦开逊说："不肯留神去听别人说话，是不受人欢迎的第一表现。"想要使交谈促进产品销售，销售员首先要学会做一个有耐心的听众，给顾客说话的机会。这是一种尊重他人的表现。无论对方的地位和身份比你高还是低，你都必须这样做。因为每个人都有自己的表达欲。

换个角度想一下，假如自己作为顾客，面对滔滔不绝的销售人员，是不是有一种本能的排斥心理。因此真正的销售高手，绝不会对顾客滔滔不绝，而是会想办法让顾客开口说话。这样，既避免了自己言多必失，也可以从顾客的嘴中得知一些对销售有用的信息。

如果顾客不喜欢谈论产品，不喜欢谈论工作，那就试着谈论他喜欢说的吧！只要让顾客开口说话，你就可以和他交谈起来，业务的往来也就成为自然而然的事情了。

客户最关心的事，就是你的成功机会

【核心提示】该怎样选择接近客户的话题呢？告诉你一个秘诀，那就是和客户谈他最关心的事。

【理论指导】

在销售活动中，销售员在与客户沟通时，应该选择合适的话题，缩短与客户之间的距离，使自己的说服逐渐被客户接受，然后再把话题引向自己的产品，从而开始商谈，这才是成功销售的途径。

如果你想让客户喜欢你、接受你，使销售获得成功，就得多花些精力研究客户的一些基本情况，比如，了解客户的喜好、品位，这样才能有效说服对方购买自己的产品。

营销大师约翰逊在拜访客户时，总是先对客户的情况进行一番调查研究，有时候甚至提前花几个月的时间做准备。等到会见时，他就知道了对方的兴趣、爱好、消遣和欲望。

现在，约翰逊已经成为美国最成功的营销高手之一，在全美营销界享有很高的声誉。人们普遍认为，约翰逊之所以能够取得今日的成就，其秘诀就在于他在推销之前，总是先做大量的准备工作，找到双方的共同话题，并投其所好地说服对方。

美国有一位叫伊尔斯的销售冠军，为了能够配合客户的爱好，在短短几年之内他努力培养了二十多种不同的爱好。当然，伊尔斯不可能把这些爱好都做到样样精通，要知道，他是在了解到客户对钓鱼、下棋、保龄球等颇有研究之后，为配合与他们商谈时的话题而学习的。他的努力使他得到丰厚的回报：销售额节节攀升。而且，这些爱好一旦养成，让他终身受益，生活变得更有情趣了。

在产品销售的过程中，身为销售员你要时刻记着：主角永远是买方，是客户。而卖方必须自始至终扮演配角。如果你在沟通过程中老是以自己为中心，只是洋洋自得地反复谈论自己的感情或只是自夸自己的产品，只管发表自己的看法，而不从买方的角度来考虑，这种说服必定引起客户的反感情绪——"这家伙只会谈论自己"。

最不愉快的反应恐怕会来自客户——"谁听你的？"照这种情形，当你终于结束你的高论而请求客户做出购买决定时，得到的反应只会是冷冷的拒绝。

你和你的顾客可能在许多问题上有不同的看法，但是你游说他时你所要强调的是你们的共同价值观、希望和抱负。换言之，很好地把握住客户最关心的事，就找到了你成功的机会。

不可不知的销售忌语

【核心提示】在和客户沟通时，销售人员应该注意与顾客交谈时的一些忌语，以免引起顾客不满，从而失去进一步沟通的可能。

【理论指导】

在和客户沟通时，销售人员应该注意与顾客交谈时的一些忌语，以免引起顾客不满，从而失去进一步沟通的可能。

说话很容易，张开嘴巴话就出来了，但说好话并不是人人都可以做到的。尤其是对于从事销售行业的人来说，如何说话是一门学问，需要好好学习和实践。以下几个话题需要你多加注意。

1.不谈隐私问题

我们要体会客户的心理，而不是去了解客户的隐私，更不是把自己的隐私作为和客户谈话的谈资。大谈隐私是很多推销员常犯的一个错误，"我谈的都是自己的隐私问题，这有什么关系？"错，就算你只谈自己的隐私，把你的婚姻、生活、财务等和盘托出，这些对你的销售没有任何实质性的意义。

所以，无论你多么好奇，都不要主动询问客户的婚姻、财产等隐私问题，问这些问题是不礼貌的表现。即使客户勉强给你一个答案，这个答案也很难保证是真实的。关键问题是就算你知道了这个问题的答案，对销售来说根本就没有任何作用，你又何苦冒着被拒绝的危险去问毫无用处的问题呢？隐私问题是禁谈的话题，这是必须多加注意的。有不少销售人员都喜欢谈这方面的内容，这是很不好的。

2.少问质疑性话题

在和客户谈话的时候，你是不是会不断地问客户一些诸如

"你懂吗""你知道吗""你明白我的意思吗"这些问题？如果你担心客户听不懂你说话，不断地以一种老师的口吻质疑他们的话，客户肯定会反感。从销售心理学来讲，总是质疑客户的理解力，客户必定会产生不满，会让客户感觉得不到最起码的尊重，进而产生逆反心理，这样的谈话可以说是销售中的大忌！

请不要质疑客户。你必须明白一点，客户不需要你来教他怎么做，也很反感你怀疑他没有用心听你的解释。喜欢质疑客户的销售人员往往很难取得成功，相反，那些抱着谦虚的态度向客户求教的人往往能大获成功。

如果你实在担心客户不太明白你的讲解，不妨用试探的口吻去了解对方："您有没有需要我再详细说明的地方？"这样说，会让客户更好地接受你。

3. 回避不雅之言

不雅之言，人们不爱听，销售人员的个人形象也会大打折扣，这是销售过程中必须避免的话。每个人都希望和有涵养、有水平的人相处，不愿意和"出口成章"的人交往。在销售的过程中，一定要注意语言的优化，不要用一些不雅的词。

4. 敏感话题不谈

销售成败的标准其实很简单，关键看交易行为是否发生，一次交易行为的顺利完成，往往需要你费很多唇舌，找大家感兴趣的话题。但要注意的是，在商言商，和销售没有多大关系的话题最好别谈论，尤其是一些敏感话题。

5. 少用或不用专业术语

在接受培训时，你要很好地掌握专业术语。但在面对客户时，你最好禁用专业术语，因为专业术语往往会影响沟通的顺利进行。有些销售人员通过培训掌握了大量的专业术语，便认为自己学到了很多东西，这些东西必须向别人说明，于是面对客户时，便开口闭口都是术语，好像自己懂得很多，殊不知这样做只会影响双方的沟通。你要掌握专业术语的目的是为了企业内部的沟通，而不是向客户传达术语。

6. 禁说批评性话语

作为一名销售人员，永远没有理由批评自己的客户。如果你见到客户的第一句话便说"你家这楼真难爬"或告诉对方"你这件衣服真老土"，客户就会很反感。

7. 不说夸大不实之词

不要夸大产品的功能，因为客户在以后的日子里，终究会印证你所说的话是真是假。销售人员不能为了一时的销售业绩而夸大产品的功能和价值，这样做就像埋了一颗"定时炸弹"，一旦爆炸，后果将不堪设想。任何产品都存在着不足的一面，销售员要客观清晰地帮助客户分析自己产品的优势和劣势，帮助客户熟悉产品和市场，让客户心服口服。要知道，任何欺骗和谎言都是销售的天敌。

第八章

好工作需要好口才：你缺的不是平台，而是口才

做好自我介绍是通过面试的第一步

【**核心提示**】面试者在介绍自己时应掌握一个技巧：在谈到自己的优点或长处时，要保持低调，不加自己的主观评论，实事求是地讲述，适可而止就好。

【**理论指导**】

自我介绍在求职面试中，是必不可少的一个环节，做好面试时的自我介绍是十分重要的。如果懂得运用一些技巧，良好的语言表达再辅以准确的时间把控，不但可以完美地展现自己，而且可以加深面试官对自己的印象，这会大大提高自己通过面试的成功率。

许多面试者在面试一开始，就将自己的"光辉历史"迫不及待地一一历数，滔滔不绝，绵延万里；或者只是简短地介绍自己的姓名、身份，以及自己相关的学历、工作经历等情况，半分钟之后就无言地望着考官，等待提问或给予评价。这两种都是不明智的做法，容易给面试官留下负面印象。

在作自我介绍时，挑与面试相关的、重要的、关键的说，与面试无关的特长则不必累述。

现实中，有些应聘者则选择把自己的全部经历都压缩在这几分钟内，从入学开始谈起，初中、高中……一直说到第一份工作以及最近的一次工作，工作的内容、自己的表现等等，甚至于连家庭情况都一一介绍。

这种做法很不明智，因为介绍得过于详尽，很容易给人留下啰唆、琐碎的印象，让人感觉乏味，失去听下去的欲望。所以，合理掌控自我介绍的流程，既突出重点又能完整地展现自己才是最佳的选择。

成功的自我介绍应该是什么样的呢？应该保持一个放松的心态，举止大方、自然，面带微笑，用平静的语言把自己介绍给别人。聪明的应试者往往会围绕当下应聘岗位的业务范围为中心，组织自我介绍的内容。不但要让考官们明确知道你是优秀的，更要把你是适合这个工作岗位的不二人选的印象深植于考官的心中。

毕业生小董在人才网上看到一家汽车公司招聘助理车用电器工程师的信息后，立即通过电子邮件方式投递了求职简历。

几天后，他收到了面试的通知。小董的自我介绍采用的方式非常独特，除了个人的基本信息外，他把个人经历总结为"1234"一组词，即进入一所不错大学深造，两次荣获全国电子大赛奖项，三次寒暑假社会工作经历，在校连续四年担任学校电子协会副会长，他没有放弃任何一个锻炼自己的机会。

这简短的自我介绍，给考官们留下了深刻的印象。就这样，小董成功地进入这家著名汽车公司从事助理车用电器工程师一职。

自我介绍，看似比较简单，就是使别人知道你是谁。但要想大大提高面试的成功率，就要做到恰到好处，所以，掌握求职面试自我介绍技巧就显得尤为重要了。

走进面试考场，当面试考官切入正题问你："谈谈你自己的情况如何？"如何开好这个头，如何做到在特定时间内展示自己的能力与魅力，利用这个环节获得成功的第一步，要重点掌握以下几点原则：

1. 介绍自己基本信息应有新意

在面试的自我介绍中诸如姓名、籍贯之类的基本信息可以做一个有新意且合理的解释，以加深别人印象。比如叫赵迎春，可以介绍自己说："我姓赵，赵钱孙李的赵，因为出生在二月，所以父母取名叫迎春，意为吉星高照，喜迎新春。"

2. 介绍有条理、控制好节奏

自我介绍的叙述人条理要清晰，适当地掌握节奏，既不宜太长，也不能过于简短，让考官能听得明白。在找不到话时宁可选择结束，也要避免因一时心慌乱了头绪，给考官留下不好的印象。

3. 对自己的经历和爱好描述要客观

在叙述自己的教育和工作经历时，要客观描述，实事求是。有的应试者为了能给考官留下好印象，便夸大自己的优点或长处，或者表明自己有某个和工作岗位相关的爱好。适当地夸大一点自己的能力能达到加深印象的目的，但切忌吹过了头，反倒难以收场。在提及自己优点和长处时，要顺便提一下自己的缺点，这样更能说明你为人谦和、诚实。如果能再巧妙突出自己的优点或长处恰好与应聘的岗位有关，便胜券在握了。

4. 表决心时语气不要太绝对

很多应聘者为了表明自己加入公司的决心，往往会在最后说上一句："如果能加入贵公司，我一定……或我绝对……"等没有回旋余地的词语。这样不但不会给自己的形象添彩，反而会让人觉得你这个人不太可信。所以切忌说话太满。

5. 面试礼貌不可少

在作自我介绍前，礼貌地做一个开场白和在自我介绍结束时向面试官道声谢谢，会给你的形象增色不少。

总之，能否给面试官留下一个很好的印象，这是决定你能否获得这个工作机会的第一步。做好自我介绍，便向成功迈进了一步。

女性面试难题巧解答

【**核心提示**】在求职面试中，女性在面对考官提出的难题时，最好表现出"很想回答、很乐意回答"的态度，这样会给人一种积极向上的感觉。如果应聘者真的一时想不出，可以用"让我想想"等话来暂缓一下。

【理论指导】

男女有别，一般用人单位在面试女性的时候，常会提出一些针对女性的话题，这些问题会让女性感到一些尴尬和敏感，比如："如何看待晚婚、晚育？""如何调节家庭和事业的矛盾？"这些问题如何回答，关系到求职能否成功。

对于女性求职者来说，对于这些尴尬的问题，回答时要注意既让考官满意，又让自己回避尴尬。

有一家对外贸易公司在一次人才交流会上招聘秘书，某小姐过关斩将，各方面的条件都符合招聘单位的要求，正当招聘单位欲拍板录用她时，一名考官灵机一动，又提了一个问题："小姐，如果在将来的工作中，你接待的客人要你陪他跳舞，你不想跳，但不跳又不行，你会怎么办？"

没想到考官的语音刚落，那小姐当即涨红了脸，对着招聘人员愤怒地说："你们是什么鬼单位，在这里摆摊招舞女！"说完，连求职材料也未取回就气呼呼地扬长而去。

其实那位考官提出的问题在工作中并不鲜见，这只是一种正常的应酬，并不是不健康的活动。所以，面对这样的问题，那位应试者如果这样回答："据我所知，我们公司应该是一个很正派、在业界很有声望的单位。所以，和我们公司合作的客户应该不会有不三不四的人，正常情况下跳跳舞也不算什么坏事。"也许结果就大不一样了。

其实，这是考官在测试应聘者在压力下的应对能力。大多数女性求职者面对这个问题，都会觉得尴尬，甚至会认为主考官在无聊地为难自己。事实上，在当今社会，每一家公司都会遇到这种情况，回答时不妨委婉一些，不带有明显的倾向性，用巧妙的应变来避开敏感的提问。

因此，女性求职者在面试前，应该对女性在面试中常见的问题有一个全面的了解，以免在面试中被问到时出现手忙脚乱、束手无策的情况。遇到此类问题时，只要掌握一些回答的技巧，就能收到较好的结果：

1. 避免直接给予答复

家庭和工作的矛盾对男性和女性都是同时存在的，只是因为女性承担着生育的责任，所以女性很容易会遇到这样的问题"工作和家庭出现矛盾，你如何解决""结婚了吗，什么时候准备要孩子"，这时你不必直接给予答复，可以从工作和家庭之间的关系着手，说明你的处理方案，并强调无论是家庭还是孩子，都是自己努力工作的动力和踏实工作的保证。自己大多数时间还是会以工作为重。

2. 着重表明自己处理问题的能力

对于上面故事里出现过的问题，回答时就要避免直接给予是与否的答复，要侧重于表达自己处理这种问题的能力和专业性，面对这种特殊情况自己能特殊对待，但并不意味着就一定答应一些无理的要求。

3. 保持好的心态很重要

人在紧张的场合容易说错话，尤其是面试经验不足的求职者。遇到这种敏感的问题时，保持好的心态很重要，不能表现得过于激动或勃然大怒，这样对自己的求职会非常不利。保持冷静的头脑，分析这个问题的关键点在哪里，再委婉地予以答复，力求"四两拨千斤"的效果。

总之，作为新时代的女性，在求职面试时遇到困难时不要担心，这些问题的目的只不过是对你能力的考验，勇敢的、自信的应对会给人留下深刻的印象。

巧提问题，掌握求职先机

【核心提示】即使是面对面试初始阶段掌控局面的面试官，求职者也应该对最后提问的阶段进行有效的利用，以扭转局面，提升自己在面试官心中的形象。

【理论指导】

很多应聘者一路过关斩将，离成功只差一步，却折羽而返。究其原因，很大程度上都败在最后一问上。一般来说，用人单位在面试进入尾声时，会给求职者一个提问的机会。能否有效利用这个机会，也是影响面试成功率的重要因素。

所以，在求职面试时，当面试官对你前面的表现或赞许或肯定后，会抛给你一句话："你有哪些问题想问我吗？"或"对于本公司你还有哪些想要了解的吗？"这时候，一定要掌握提问的技巧，巧妙地提出恰到好处的问题，这样成功的概率就会大大提高。

小刘在一次面试中，前面的表现一直都被面试官很看好，快要结束前，当面试官很专业地对他说："我没有什么问题了，你有什么问题吗？"因为一下子没有太多准备，所以他公式化地问："贵公司的发展前景和对个人发展空间是怎样的？"他的话音刚落，面试官对他笑了笑说："小伙子，我想你问我'在我到岗的三个月时间里，如何衡量我是不是合适'这个问题会更好。"

显而易见，小刘的提问很不高明，他向面试官提出的问题在面试前就应该了解，任何一家用人单位都不可能录用一个对公司的信息或基本情况不了解的求职者。这样的提问既不能说明自己对公司很感兴趣，也不能表明你求职的诚意。

由此可见，面试中最后向面试官提出问题的这个环节，是让面试者通过提出的问题，向面试官表明自己对眼前所应聘的这份工作的重视程度，而不是把面试官问得目瞪口呆。因而哪些问题不能问、哪些问题可以问一定要深思熟虑，要问得恰到好处才行。

其实，面试结束前的提问给了应聘者一个化被动为主动的机会，如提能从面试官的回答中挖掘出此职位所需的基本素质及自己存在的差距的相关问题，这样，就可以对自己应聘的公司和职位有一个明确的理解，同时，也能对之前自己不完善的陈述重新补充，纠正之前陈述中的弱项，从而能全面展现自己的真实水平。假使面试官并没有正面给出答案，也可以借机把自己的优势再做一次陈述，以强化面试官的记忆。

因此，答好最后一问不但可以为自己加分，还有可能让自己"起死回生"。如果回答"没问题"，不但等于主动放弃了最后的机会，还会给面试官留下对公司和职位没有热情和积极性，或者思维不够灵活的印象。

想要顺利地通过面试，在面试结束前提出能表现自己对这份工作有很大决心的漂亮问题是相当重要的。那么哪些问题才是合适又恰到好处的呢？

1.围绕应聘的职位提问

围绕自己应聘的职位发问，可以明确地衡量自己是否胜任，更好地做到取长补短，还能加深面试官对你的印象。问这类的问题时，除了上面故事里面试官提示的那种问法，还可以用"如果我接手这个职位，您会给我什么建议呢""您觉得这个职位对我的最大挑战会是什么"等，切忌采用"我不大了解这个职位的行政职责，麻烦您介绍一下"之类的直白提问，这容易给面试官你是在盲目应聘的不良印象。

2.围绕自身提问

不论你应聘的是什么岗位，在面试官说出让你提问题之后，如果一时想不到问题可以提出，也不能以"没问题"结束面试，可以围绕自己提出一些问题，如："您觉得我对于这个职位来说，还有哪些欠缺？""你觉得以您目前对我的了解，我还应该在哪方面有所提升？"这样的问题既是出于对面试官的尊重，又表现出自己上进、谦虚的品质。切忌没话找话，对已经明确讲过的薪水、假期、福利等等情况做重复的反问，这样会适得其反。

总之，只要了解面试结束前最后一问背后的真正含义，向面试官提出合适的问题，成功的概率将会大大提高。

谈缺点的时候，要模糊重点

【核心提示】当面试官问到你的缺点时，你要选择与你应聘的职位没有冲突的缺点来回答。比如要应聘销售，就不能说自己的缺点是不善沟通。否则，你就会很快被淘汰。所以，自曝己短也要曝得巧妙。

【理论指导】

在求职面试中，常常遇到的"机关"还有"能说说你的缺点吗"，这种请君入瓮式的问话是面试中的常用策略。看似不经意的一句话，却暗藏玄机。众所周知，在面试时每个人都力求扬长避短，因此，用人单位在面试中反其道而行，提出让应试者谈自己的缺点，借机了解应试者的真实情况以及应变能力。

很多人面对这种令人尴尬的问题，常常会急于为自己辩护，连连摇头，并回答说没有；还有人反问："您说呢？您给我指出来好吗？"等。俗话说"人无完人，金无足赤"，说自己没缺点肯定是行不通的，如果把自己的缺点硬说成优点，除出了让别人觉得你不可信之外，还会让你的形象大打折扣。

黄铭天生害羞，一开口就脸红，几次求职面试均因表现慌乱而败北。不久，他从一个同学那里得知，同学所在的公司要招聘一名经理助理，黄铭对此很感兴趣，想试一试。

面试初始阶段，黄铭的表现可圈可点，虽然没有前几次那么慌乱，但回答问题也不那么流利。面试官抛出了"你的优点大致已经了解了，请你谈谈你的缺点"这个问题，所有的面试官把目光都锁定在他身上，等着他回答。

黄铭稍稍思考，决定坦承自己的缺点："我最大的缺点就是不太爱说话，这个相信大家从我前面的表现也都看出来了。不过，对于经理助理的人选来说，不就需要具备守口如瓶的特质吗？同时，我也会利用在公司工作的期间，加强对自己的提升，争取做到既保守公司秘密，又能为公司做出成绩。"

这种回答，所描述的"缺点"在别的职位上可能算是缺点，但对于他应聘的职位可能就算不上什么缺点。而且，在他的回答里也含蓄地表明了自己努力上进的决心，最终求职成功。

性格上的弱点谁都有，但并不是在任何场合中都会以缺点的形式体现出来。因为缺点和优点在不同情况下会有不同的定义。比如：个性直率，这应该算是优点。但是在一些特定环境下，却会认为这种性格的人太过于浮躁，做事不懂迂回、委婉，有失稳重；生性吝啬，普通都认为这是缺点。但是在一些特定环境下，却会认为这种性格的人非常节俭。从公司开源节流的角度，应该能为公司带来相当的利益。

有时还可能会碰到这样一种情况，自己本来没有这方面的缺点，但主考官却提了这样一个问题："你说你爱好写作，可是在你的表格中有两处语法错误。这如何解释？"应聘某报记者的小柳就遇到这样的题目。"我的表格经过认真推敲，如果真有语法错误，那必然是我粗心所致，我立即纠正，并向各位道歉。"他顿了顿，说，"不过我想知道我究竟错在哪里？"考官们笑了，原来这是故意设的一个圈套，主要是考察他的反应能力。如果小柳在面试前没有认真做好准备，那么他很可能会根据面试官的误导，盲目地承认他们提出的一系列缺点，这样就会离他求职成功的希望越来越远。

因此，在面试中介绍自己的缺点，要根据实际情况回答。这并不是要察言观色，而是要准确把握你期望供职的单位对人才素质的要求有什么特点，然后有的放矢地介绍自己的情况。如果对方所要求的恰好不是你的长项，那么你就在介绍时，侧重于描述今后在这些方面采取的努力措施以及取得重要发展的可能性。这比盲目地强调自己的弱势收效要好。

在面试中谈自己的缺点，恰当与否也关系到面试的成败。所以掌握一定的回答技巧就显得很有必要了，具体可以参考以下几点：

1. 谈缺点不宜过多，不可泛泛而谈

在面试中谈及自己的优点时，可以提及两三条，但缺点谈一个就好。说自己没有缺点，明显不可为；提得太多反而会自毁形象，所以，一条缺点，既出于礼貌和诚意，又避免给人留下一无是处的印象。可以结合实例说明自己的缺点以及后面做的补救措施，更能让考官明白和理解，切忌泛泛而谈，给人留下油嘴滑舌的印象。

2. 谈论缺点，重点应突出自己克服缺点的决心和行动

在面试中，可以先表达自己正在克服和改正，再谈及自己的缺点，对于所应聘的职位却是有益的等等。就像上面案例中的黄铭一样，既能体现积极上进的品质，又正面回答了这一难题。相似的说法还有以下几种：

"我做事的速度有点慢，那是因为我对每件事都会考虑得周详和细致一些。这对于财务工作人员来说，细致而不出错，是最为关键的。"

"朋友都说我为人处世太过于委婉，不直接。可我觉得，作为客服经理来讲，对待客户的态度不能太直接，温和、委婉的品质是最重要的。"

总而言之，在谈及自己的缺点时，不可重复强调自己的缺点，能把自己的缺点当作工作中的优点，或能用缺点突出自己的优势则是最好的。

如何处理同事间的流言蜚语

【**核心提示**】在职场一定会存在流言蜚语，面对这种情况一定要不理不睬，清者自清，这是职场人的明智之举。

【**理论指导**】

  流言会给团队的和谐带来相当大的危险。传播流言蜚语是职场上的大忌，有些人却不自知，还乐此不疲。这种人是不受欢迎的。

  应对办公室流言，要机智，要收起自己的好奇心。真正聪明的人，会懂得尽量避开别人的隐私，面对办公室流言蜚语，让自己置身事外，不给自己机会面对别人的隐私，这是错综复杂的人际关系中不可忽视的环节。

  方敏是个单纯的女孩子，大大的眼睛，白净的面孔上每天都挂着微笑。刚刚大学毕业，22岁的方敏顺利进入了某商贸公司，成了一名文员。没有任何工作和社会经验的她，很希望尽快和大家打成一片，谁知不幸被卷入了办公室的流言蜚语中。

  其实，公司的业务还是非常繁忙的，大家整天都忙忙碌碌。不过，方敏发现，忙碌的工作好像并不妨碍同事们聊蜚短流长。方敏明知道这样做不对，但是作为新人她觉得不便当面制止他们。所以，在同事们闲聊一些八卦时，她只是安静地坐在一边。

前不久，同事们在八卦老总是个吃软饭的家伙，公司现在的一切都是依赖老总太太娘家的支持。方敏听着他们的言论里夹杂着一些嘲笑声，心底里觉得厌恶。正在这个时候，办公室里出现了老总那张生气的面容，那群人尴尬地各自散开。从此，老总再看到当时在场的几个人，都是一副冷峻的表情。

虽然方敏并未参与这场"八卦论"，但由于自己坐得太近，让老总产生了误会，这无疑让方敏刚刚开始的职场之路布满冰霜，她心焦不已。不过，她没有急于向老总解释，而是在以后的工作中和爱说是非的同事保持距离。比如午休，纵使一个人百无聊赖地趴在办公桌睡觉，也不再当"旁听"。

渐渐地，老总开始信任方敏，不再对她冷眼相待。而那些同事却因再一次无中生有，超越了老总心理承受的极限，被提前解除了合约。

流言止于智者，身在职场，一定不要做流言的传播者，这不仅关系着个人素质问题，还影响到个人在公司的前途。面对同事间的流言蜚语，保持冷静，坚定自己的价值观，选择远离流言和是非，才能走得更远。

在职场中，有的人对于制造流言蜚语乐此不疲，经常发起事端，攻击他人，以满足自己的虚荣心。

如果你自己不幸成为流言蜚语的对象，面对办公室里传得天花乱坠的流言，一定要静下心来冷静分析，找出对方传播流言的动机，针对叵测的用心，主动出击，阻止流言的继续传播，以免给自己造成困扰。当然，你也可以借着流言，达成自己的目标。

有一天，小玉放低声音告诉小瑾："公司里都在传，说你嫌这里待遇不高，一心想跳槽。好像老板也知道这件事了，你要当心啊。千万别说是我告诉你的。""工作是否努力，老板自然心里有数。我不会太较真的。"小瑾不以为然，"最近的确有人来找过我，问我是否有跳槽的意向，还向我推荐了几家薪水待遇都不错的公司。我说，公司领导待我不错，我还要好好考虑考虑……"后来，老总找小瑾谈了一次并给她涨了工资。

事实上，小瑾自己并没有与任何猎头碰过面或通过话，是否真有猎头打电话给她也不得而知，小瑾机智地利用流言达到了要求涨薪的目的。

身在职场中的你，面对办公室的流言蜚语，必须从容、淡定，让那些谣言自我平息。在与同事交谈时，不在背后说他人的是非长短。当自己工作或生活上有了问题，应该尽量避免在办公室里和别人分享。

向上级汇报工作，要说到点子上

【核心提示】下属在向老板汇报工作的时候，应该把自己较为熟悉的情况作为突破口，抓住工作过程和典型事例详细加以分析、总结，表达清晰、有条理。

【理论指导】

经常向上级请示汇报工作，让领导知道你的工作内容和效率，不仅显示出你对他的尊重，而且也可以很明确证明你的工作能力。因此，在向上司汇报工作时要持谦虚、谨慎、不骄不躁态度，用不卑不亢、平缓的语气陈述工作的内容。尤其在汇报之前，应先拟好汇报的主要内容，不能太简单，也不能太啰唆，关键是要说到点子上。

一天，某建材公司的销售员小冯从一个用户那里考察归来，马上就敲响了经理的办公室。

"情况如何？"经理劈头就朝小冯问道。

小冯坐定后，并没有急于回答经理的问题，而是心事重重地叹了口气。经理见小冯的样子，大概猜出了情况可能于公司不是很有利，于是换了一种方式问道："情况糟到什么程度，有没有挽救的可能？"

"有！"这回小冯回答得倒是十分干脆。因为他十分了解经理的脾气，如果直接将不利的情况汇报给他，经理肯定会不高兴，搞不好还会认为自己工作不力。

"那谈谈你的看法吧！"

小冯这才把他考察到的情况汇报给经理："通过这次考察，我了解到这个客户已经和另一家公司签订了购货合同。"

"竟然这样！那你认为该怎样做？"

小冯听到经理的问话后，胸有成竹地说："我是这样想的。我们公司的产品相比那家公司的产品有着自己的优势，不但质量好而且有价格优惠，在周边城市已经有一定的知名度。"

"等等，那为什么客户还要和另一家公司签购货合同呢？"经理挥了挥手，打断了小冯的汇报。

"嗯，情况是这样的。该客户虽然前期和我们一直有合作，这次和那家建材公司合作的主要原因在于那家公司离他相对较近，对方还提供送货上门服务。对于客户来讲较为方便，而我们在这方面可能有所欠缺。因此，我认为要想改变这种不利的条件，我们应该利用自己的优势来改变，如果我们能在每个客户周边地区设个点，找个代理商。这样，再凭我们之前获得的口碑，问题就应该能够解决。"

"你小子想得真周到，不但了解到问题的所在，还想到了解决的方法，如果大家都像你这样善于发现问题，并解决问题，公司发展就更好了。"经理不无赞许地拍着小冯的肩膀说。

"您太过奖了，为公司着想，是我们每个人的责任。那您先忙，我就不打扰您了。"在经理的注视中，小冯平静地离开了他的办公室。

不久，小冯被提升为经理助理，专门协助经理抓产品的营销，而公司的产品销量也不断节节上升，小冯越来越受到公司的重视，很快就独当一面。

无论哪个上司，在听汇报时都不可能一言不发。大多数的上司在听取工作汇报时，喜欢提问，因而可能会打乱汇报的程序。

此时，应该暂时把汇报的内容停下来，耐心地回答上司的提问。不要因为工作没有汇报完，怕失去表现的机会，而在回答上司的问题时显露出不满或抱怨的情绪。

其实，上司能提出问题，也是对自己工作重视的一种表现。要知道，自己所面对的是上司，而不是下属。因此，向上司汇报工作时要保持一种谦虚谨慎、稳重成熟的态度。在语气上，应用平和、舒缓的语气，尽量避免慷慨激昂或因过于激动而使言语杂乱无绪。

因此，向领导汇报工作也要掌握一定的技巧。想让领导对你的成绩表示肯定和赞许，想把汇报工作做得恰到好处，应该从以下几个方面做起：

1. 思路要清晰

在向领导汇报前，应该对汇报过程和语言的组织做好梳理。对于问题应该如何说，必须做到心里有谱，否则就很难打动领导。

同样是一句话，很可能因为请示的方式不同出现不同的结果。由此可见，想要达到预期的效果，其关键就在于说话人是否掌握了对方思维的方向和关注的重点。

2. 删繁就简，把握汇报的重点

无论哪一种工作都有其重点。因此，在向领导汇报自己工作的时候，把一切不必要的话省略，应该注意每次汇报只强调、突出一个重点，这样做有利于领导理清思路，迅速对你的工作能力做出决断，而且还能使领导对你的能力或效率一目了然。

3.把握汇报时机，并在汇报结束后请领导点评

在向领导汇报工作前，应该选择一个恰当的汇报时机，应避免在领导工作忙或心情不佳时汇报。另外，在工作汇报完毕时，正确的做法应主动提出让领导给予评价和点评，无论领导给出什么样的评价都应该虚心、诚恳地接受。而不是在汇报结束后一走了之或对领导的批评指正表现出抗拒、生气的态度。

总之，在向领导汇报工作时，应该提前整好汇报材料，尽量做到每一句话都说到点子上，让上司从你的汇报中慢慢加深对你的信任和赏识。

掌握同事间的交谈艺术

【核心提示】同事之间交谈时应自然随和，不要心不在焉、爱理不理的，也不要扭捏作态或哗众取宠。如果谈话中出现矛盾、分歧，则不必太当真，要学会理解和包容。

【理论指导】

在职场这个大环境中，与同事交往时，应保持积极、愉悦的心态。见面一声亲切的招呼，会使彼此关系融洽不少。当然，难免会有一些磕绊和摩擦，与其跟同事争个脸红脖子粗，从此互不相干，倒不如放低姿态，主动与同事沟通，把误解化开，改善与

同事的关系，更有助于工作的开展。

因为职场上每个人的性格、脾气秉性都不相同，相处中，彼此的优点以及缺点全都暴露得十分明显，如果不懂得理解和宽容，在办公室不注意自己与别人的交谈方式，会因此引发与别人的种种矛盾和冲突，这样将会使自己树敌甚多。

小萌近来的情绪很不好，原因在于她在竞争办公室主任一职上遭遇了失败。本来，小萌是办公室的业务骨干，工作表现相当好，经常获得奖金。前不久，她们的办公室主任升职了，临走前，主任向上级部门推荐小萌接任办公室主任一职。上级部门在准备任命之前对小萌所在办公室的一些职员作了一个秘密调查，并找了几个人谈话，无意间提到了小萌几次，结果同事们都说小萌"不合群""孤傲"等等。结果，上级部门就任命办公室的另一个人缘好，但业绩一般的同事担任了办公室主任。

小萌为什么会被大家排斥呢，原来，虽然小萌的工作能力异常突出，但她平时在办公室和同事之间相处时常常在不在意间得罪对方却不自知。

有一次，一个同事外出旅游回来，给办公室的每一个同事都带了一份小礼物。别人接到礼物时都非常开心地说："谢谢你的礼物，我很喜欢。"或"谢谢你还想着我，礼物真漂亮。"当同事把礼物分给小萌时，她头也不抬地说："放那儿吧，反正也没多大用处。"同事当场就拉长了脸。

慢慢地，同事们就不愿意和她打交道了，甚至有一次在她外出时，一个客户打电话过来找她，其他同事接电话时说："我们这里没有一个叫小萌的。"

从上面这个故事不难看出，由于小萌平时不注意与同事交谈的方式，导致她此次晋升的失利。由此可见，要想获得职场成功，除个人能力外，和谐的同事关系至关重要。关系和谐，共享成功喜悦；与人为恶，独尝失败苦果。

想要拥有融洽的办公室人际关系，让自己在需要时能得到适当的援助，那就应该采取积极主动的态度，掌握与同事交谈的艺术，表现出良好的个人修养和素质，相信这样会给自己的事业带来一定的帮助。具体应注意以下几点：

1. 不要太随意

同事之间朝夕相处，相互之间已经很熟悉。很多人认为彼此无须太客气，也不必太客套。不拘小节便是与对方相交甚笃的证明。事实上，这种做法是错误的。俗话说"礼多人不怪"，面对再熟悉的人，说话也不要太随意，面对别人的帮助应该诚恳地表达谢意，请求别人帮助时，"请""麻烦你""拜托""给你添麻烦了"等等用语还是必不可少的。看似小节，却能够起到大的作用，若不懂得使用，即便你和对方很熟，你的"理所当然"也会令对方很不爽。

2. 语气要委婉

很多人在交流工作、布置任务的结尾时，喜欢加一句"你懂了吗""明白吗"或"知道吗",这是个坏习惯。往往会给对方一种错觉,认为你是个骄傲自大、目中无人的人。如果换成另一种说法:"我说清楚了吗"或者"我说明白了吗",对方就会觉得你谦虚、客气,往往会因此对你产生好感,并会给予友善的回应"我听懂了",这样办公室人际关系就相当和谐了。

3. 勇于接受不同的意见或批评

在同一个办公室工作,难免会有不同于己见的声音。面对异议或批评,不应该针锋相对,力求分出胜负。这样,即便胜出,也会因此得罪对方。

正确的做法是,先顺势接住,表达自己对对方意见的认可和肯定,然后再心平气和地客观说明情况,让对方明白你这样做的原因和可行性,心悦诚服地接纳你的意见。如果真的是自己错了,不但要虚心接受对方的意见,还要向对方表示感谢。

此外,还应该对同事多加赞美,少指责和抱怨;与同事交谈时不要带个人情绪,确保沟通建立在理性、客观的基础上;对同事多关心,多问候。

总之,掌握好同事之间交谈的艺术,才能提高交往的效果,才能改善人际关系,才能更好地拓展自己的事业。

领导的不足之处要委婉地指出

【核心提示】是人就会犯错,面对领导的不足,直接批评是最不明智的做法，能避免就尽量避免，因为这样做有可能给你带来不必要的麻烦；而如果你采用的方法得当，在纠正领导过错时，变指责为商量，那么你就很有可能成为领导另眼相看的那个人。

【理论指导】

工作可以选择，但工作中面对的人就不是自己所能选择的了。因此，在工作中遇到马虎的领导或面对领导犯错时，如何做到既能指出领导的错误，又不被领导所排斥就是一个很值得研究的问题了。

面对领导的失误，聪明的下属在纠错方式、方法上会采取委婉含蓄的方式，而不是单刀直入，针对领导的错误，要和领导争个高下。采取前者的职员，往往职场顺风顺水，而采取后者的职员，往往会成为领导避而不见的对象。

小张是一家公司的主办会计，她的上司则是个不拘小节的领导。在工作上有一定的经验和能力，对待下属也比较热情，很有亲和力，但就是爱抽烟，一年四季从不间断。春秋的时候，可以打开办公室的窗子，以减少办公室的烟味，但冬夏两季开空调的时候，办公室里就比较难受了，领导从不顾忌下属里几个女性，办公室里烟雾缭绕。同事们都碍于领导的面子，不敢提出异议，却因此苦不堪言。

一次正赶上午休时间，办公室几位女士坐在一起闲聊，猜测隔壁部门的小姑娘结婚这么久是否怀孕，并聊及怀孕应该注意的事项等。小张灵机一动，就借机谈起了老公抽烟的事。

她说："其实男人抽烟就像女人爱逛街一样，不能勉强他去戒。抽烟的害处自然他也明白，但当他明白吸二手烟的人往往比直接吸烟的人受到的伤害更大，那他自然就不好意思再抽了。毕竟因为自己抽烟却给身边的人带来伤害，是很抱歉的一件事。所以，他从此就很少在办公室和家里抽烟了。"

小张说完，还悄悄地看了眼安坐在电脑前的领导。领导当时并无反应，后来，办公室的同事渐渐发现领导抽烟的时候越来越少，就更加尊重他了。

作为下属，应该以什么样的方式向上司指出他的错误呢？在实际生活中，大多数人都不愿自己的错误被当众提出。因此，若当众指出领导的错误，会让他感到难堪或愤怒。像小张这样旁敲侧击、委婉地指出领导给大家带来的困扰，虽然没有直接向领导挑明，但事实上已经明显地收到不错的效果。既保全了领导的自尊，又解决了领导和大家之间的矛盾。在职场生活中，如何才能让犯错却不自知的领导明白自己的错误，这需要掌握一定的技巧，归纳起来有以下几点：

1. 注意和领导沟通的时机和场合

向领导提出意见或建议的时候，一定要注意时机和场合。如果选择恰当的时机和合适的场合，领导也许能接受你的提议。相反，如果不注意时机和场合，只图一时口快，实话实说，一针见血地指出领导的不足之处。纵然你说得合情合理，也会让领导觉得威严扫地，自然会对你产生反感和逆反心理，甚至会误以为，你在故意让他难堪。

由此可见，选择恰当的时机和场合，最好避开众人私下提。

2. 保持对领导尊重的原则

在向领导指出其错误之处时，开头和结尾都应用客气而礼貌的语言，以此来引导和衬托中间自己要和领导谈的关于他的错误之处。

通常来说，在给上司提意见或建议之前，先说几句好听的话作为铺垫，既表示自己对领导的尊重以及自己的诚意和礼貌，又能制造出一种轻松愉快的交谈氛围。但是不论哪种方式，领导都需要下属的尊重。

3. 用暗示的方式，让领导自己去理解

像上述故事里的小张一样，不直接对领导提出意见，而是选择与领导类似的事情从侧面暗示领导这样做会导致什么样的结果，让领导明白你的用意。

总之，提意见一定要注意方式和方法，在保证领导威严的前提下，用含蓄、委婉的方式指出领导的不足，并给出合理化的建议，哪个领导会不乐意接受呢？